心理健康分类教育丛书
丛书总主编　黄跃群

亲情与我同行

QINQING
YU WO TONGXING

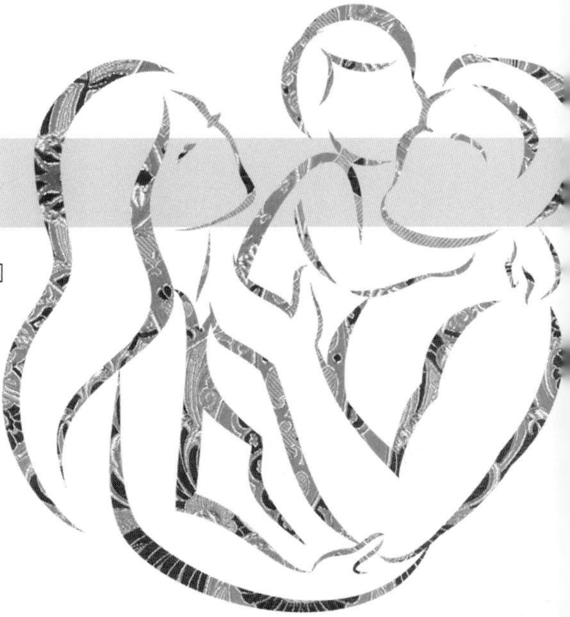

主编◎龚文进　柳　维　　副主编◎余前卿

暨南大学出版社
JINAN UNIVERSITY PRESS

中国·广州

图书在版编目（CIP）数据

亲情与我同行 / 龚文进，柳维主编；余前卿副主编. —广州：暨南大学出版社，2016. 12
（心理健康分类教育丛书）
ISBN 978－7－5668－1986－4

Ⅰ. ①亲… Ⅱ. ①龚…②柳…③余… Ⅲ. ①犯罪分子—心理健康—健康教育 Ⅳ. ①D916. 7

中国版本图书馆 CIP 数据核字（2016）第 265487 号

亲情与我同行
QINQING YU WO TONGXING
主 编：龚文进 柳 维 副主编：余前卿

出 版 人：徐义雄
策划编辑：苏彩桃
责任编辑：苏彩桃 崔思远
责任校对：何力
责任印制：汤慧君 周一丹

出版发行：暨南大学出版社（510630）
电 话：总编室（8620）85221601
营销部（8620）85225284 85228291 85228292（邮购）
传 真：（8620）85221583（办公室） 85223774（营销部）
网 址：http：//www. jnupress. com http：//press. jnu. edu. cn
排 版：广州良弓广告有限公司
印 刷：湛江日报社印刷厂
开 本：787mm×960mm 1/16
印 张：12. 25
字 数：237 千
版 次：2016 年 12 月第 1 版
印 次：2016 年 12 月第 1 次
定 价：36. 00 元

序 一

在以健康中国作为发展战略的大背景下，“心理健康分类教育丛书”（以下简称“丛书”）即将正式出版，这是我省监狱系统心理健康矫治教育史上的一件大事和喜事！该丛书首次全面、系统、科学、规范地对服刑人员心理健康教育各个方面进行开拓性的探索，其中来自工作一线的系列创新实践，极大地丰富了心理矫治教育内容，填补了我省服刑人员心理健康教育的空白。

“要加大心理健康问题基础性研究，做好心理健康知识和心理疾病科普工作，规范发展心理治疗、心理咨询等心理健康服务。”这是2016年8月习近平总书记在全国健康与卫生大会上的嘱托和厚望。加强心理矫治理论和方法等基础性研究，对于担负着教育人、改造服刑人员重任的监狱系统来说更是刻不容缓、任重道远。

社会所需，学术所为。本丛书的问世，具有超前性、实用性和知识性，契合了健康中国的新主旨，也较好地满足了监狱心理健康矫治教育的迫切需求。服刑人员的心理健康，关乎社会的安定和谐，需要心理健康教育者、监狱管理者、医务工作者等多学科人员的齐心协力，汇聚智慧，创新探索。本丛书的问世，在心理健康教育体系建设和规范化矫治上具有前瞻性，在加强服刑人员心理健康矫治教育上具有实用性，在提升服刑人员的心理健康素养上具有知识性。

实践为基，成果共享。本丛书夯实了心理健康研究的基础性、科学性和权威性。丛书的作者跨条块、跨领域、跨身份的合作研究，既接地气，又显生气。丛书从情绪管理入手，延伸到身心健康、人际关系、婚姻家庭、环境适应、职务犯矫治和“三观”教育的探索，把基础性研究做得扎实科学，使之成为指导实践、促进矫治的金钥匙。

本丛书开职务犯心理矫治教育的先河。职务犯心理矫治是监狱系统一个全新的课题。本丛书以心理学相关理论为基础，运用专业的心理咨询、辅导和治疗的方法，对职务犯的犯罪心理进行了深入的探究，开出了职务犯自我认知障碍与矫治、社会认知障碍与矫治、情绪障碍与矫治和适应障碍与矫治的药方，为其消除违法犯罪的心理结构、修正行为模式、顺利完成服刑改造并回归社会提供了实用性的指导，为监狱警察的矫治实践提供了专业性的指引。

本丛书开创了心理矫治教育的新视角。本丛书的主编及参编作者主要是当前活跃在心理矫治领域的一线专家和青年才俊，具有扎实的学术功底和丰富的实践经验，而且取得了许多颇具价值的理论成果。他们从情绪、人际、环境、身心、生活、回归的角度切入，导入创新的端口，给心理矫治带来新视野、新思维、新路径。

本丛书内涵丰富。在编写这套丛书的过程中，作者注意吸收近年来心理健康矫治教育的最新成果，注意国内外学术发展的最新动向，力争使丛书内容能够站在世界的学术前沿，反映心理矫治教育成熟的理论。值得欣慰的是，整套丛书将学术性、新颖性、应用性和可读性有机结合起来，以期更好地推动心理健康矫治教育的开展。

强化心理健康意识，普及心理健康生活，优化心理健康教育，建设心理健康环境是“监狱人”的所盼所归。把服刑人员改造成心理健康、遵纪守法的新人，是社会赋予我们的责任。健康中国，健康狱园，是我们的热切期待。愿本丛书的出版能为加快健康中国、和谐中国的建设添砖加瓦。

以服刑人员心理健康矫治为出发点，从“1”发轫，促进服刑人员身心健康，推进健康狱园建设的新征程已经开始，这必将为服刑人员带去更多、更广、更公平的健康福祉。丛书的出版，良可志贺，特为之序。

李景言*

2016 年 11 月 22 日

---

* 李景言：广东省监狱管理局局长。

序　二

心理健康教育与心理咨询是一项思想性和技术性都很强的工作，不同的社会环境，不同的社会阶层，不同的群体，其心理状况各有特点。如何结合工作对象的特殊性开展心理健康教育和心理咨询的理论与技术研究，是应用心理学界需要不断创新探索的课题。

人之初，是性本善还是性本恶，或是不善也不恶？这种关于人性的基本假设不仅是哲学、伦理学探索的课题，也是心理健康教育与心理咨询工作取向的出发点。一个人为何会犯罪？是人性恶之本源作祟，还是善心缺乏栽培和引导？服刑人员虽然身在监狱，但是否心服口服，真正认识到了自己犯罪的渊薮？事实上，将自己犯罪的原因外归因还是内归因十分重要，这几乎决定了服刑人员未来出监后的发展方向，是痛改前非还是故伎重演、重走老路？由此可见，监狱心理矫治工作在提高服刑人员改造质量，降低服刑人员重新犯罪率，帮助他们更好地适应环境等方面担负有极其重要的功能。

心理健康教育与心理咨询工作治病救人犹如医学一般，但以往的监狱心理健康教育常有教育内容针对性不强、分类不够清晰等不足，因此，如何围绕心理健康教育对象的心理问题，辨证施治，分门别类地给予有针对性的教育与实施心理矫治工作，就需要教育理念、教育载体、教育内容与方法手段的创新。正如现代医学模式正从生物医学模式朝向生物心理社会医学模式转型升级一样，监狱心理健康教育与心理矫治工作也需要通过不断的创新驱动来实现水平的提升。

我们可喜地看到，在广东高校心理学专家教授、医院心理医生与监狱从事心理矫治警察的跨界融合、协同创新之下，“心理健康分类教育丛书”付梓了。这套丛书凝聚了专家学者和监狱警察的心血和智慧，把创新发展理念付诸实践，促进心理矫治工作创新发展，对于监狱心理矫治实务工作将带来积极的影响，可喜可贺！

该丛书作者勇当分类教育创新的探索者、实践者和推动者，坚持以创新理念统领丛书，把分类教育的规律性作系统化归纳，把教育内容的丰富性作专业化总结，把教育形式的创新性作科学化提升，编写出一套“既接地气，又服水土，融合创新”的心理健康分类教育丛书，打造心理矫治教育的“新蓝海”。该丛书共分七部：《健康从心开始》《生存　生活　生命》《人际关系与沟通》《情绪管理训练》《职务犯心理矫治》《亲情与我同行》《环境用心适应》，涵盖了服刑人员的身心健康，世界观、人生观和价值观教育，人际关系，情绪管理，职务犯心理矫治，婚姻家庭，环境适应七个方面的探索，具有较强的基础性、理论性和可操作性。丛书的出版，开创了高校与监狱合作编写教材的先河，填补了监狱系统心理健康分类教育专属教材的空白，是心理健康分类教育的引领之作，对于提高监狱心理健康矫治工作的专业化和规范化水平将起到积极的指引作用。祝愿“心理健康分类教育丛书”能成为服刑人员重新认识自我、提高心理素养的精神食粮和良师益友，成为监狱心理矫治人员专业工作的指南。

谨以为序。

邱鸿钟*

2016 年 11 月

---

* 邱鸿钟：广东省心理卫生协会副理事长、广东省高校心理健康教育与咨询专业委员会主任、广州中医药大学教授、博士生导师。

目录

Contents

第一章

爱情、婚姻和家庭问题概述

第一节　认识爱情、婚姻和家庭

一、美好的开始——爱情

爱情是人类世界美好而复杂的情感现象。古今中外，不管是在文艺作品的虚构场景里，还是在我们的日常生活中，爱情都是永恒的主题。人们渴望爱情，为爱而生，甚至为爱而死。爱情是维系我们恋爱、婚姻、家庭等关系的重要纽带。但是，到底什么是爱情？一见钟情是不是爱情？爱与欲有什么区别？爱情与亲情有什么区别？网络爱情是否可靠？恋爱对象与结婚对象有什么不同？希望通过本节的介绍，大家能对复杂的爱情有一个更好的理解。

（一）什么是爱情

到底什么是爱情呢？这确实是个很难回答的问题，不同的人对爱情有不同的理解和体验。“一见钟情”“日久生情”“两情相悦”“相濡以沫”“生死与共”等都是关于爱情的美好描述。研究者发现，当人坠入爱河时最常见的体验是强烈的身心愉快感（79%）和注意力的难以集中（37%）。可见，爱情是人际吸引的最强烈的形式，是两颗心灵相互向往、吸引、达到精神升华的产物，它有以下三个特点：

（1）爱情具有生理基础。彼此之间会有强烈的性吸引，因此爱情只发生在青春期后生理心理发展成熟的男女之间，没有爱情体验的儿童之间的好感不能称为爱情。

（2）爱情具有纯洁性、无私性、奉献性。当男女青年热恋时，他们内心深处都做好了为爱情而承受必要牺牲的准备，不会斤斤计较恋人给自己带来多少物质方面的好处。

（3）爱情具有专一性。坠入爱河的人每天都会魂不守舍，想念着彼此。人群中，一眼就能看见自己的爱人，而其他人都会黯然无光。

（二）爱情的成分

美国心理学家斯滕伯格（1997）提出了爱情三角论，认为爱情是由激情、亲密和承诺三个成分组成的三角形。其中，激情指的是在爱情关系中带来强烈情绪体验的驱动力，最显著的是外表的吸引和性吸引；亲密指的是在关系中感到亲近、相互关心，包括对爱人的赞许、照顾爱人的愿望、自我暴露和内心的沟通等；承诺不仅可以理解为短期内做出的对爱一个人的决定，也指在长期的关系中维持爱的承诺。在斯滕伯格看来，每个成分的程度会由浅到深，所以三角形可能会有各种不同的大小和形状。根据激情、亲密和承诺这三种成分的参与与否，斯滕伯格界定了 7 种不同类型的爱：喜欢、迷恋、空洞的爱、浪漫的爱、伴侣之爱、愚昧的爱和完美的爱，如下图所示：

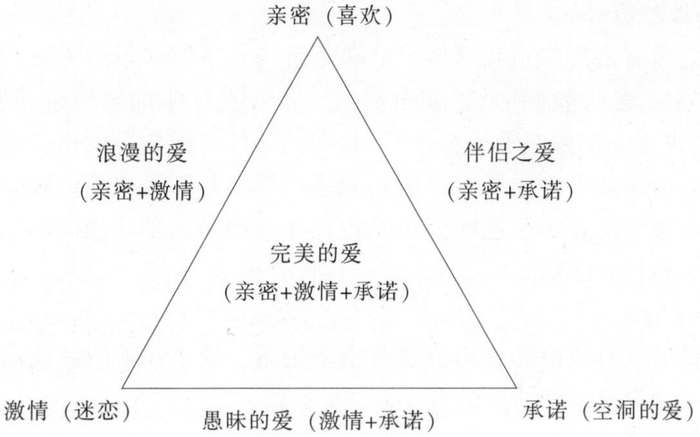

斯滕伯格的爱情三角论

1. 喜欢

两个人之间若只有亲密成分，则表现为彼此能真诚交心，在一起时会感觉很舒服，喜欢彼此陪伴，但两人之间不具有性吸引力，也不愿意厮守终生。这种感情常见的有青梅竹马的兄妹之情，或者与异性好友的知己之情，这种只有亲密成分存在的感情我们称之为喜欢。显然，友谊并不是爱，喜欢也不等于爱情。

2. 迷恋

如果爱情中只有激情的成分，那么这段感情一定是以性行为和性吸引为主导的。认为对方有强烈的吸引力，希望和对方发生亲密行为，但除此之外，对对方了解并不多，也没有想过将来。比如一夜情、性伴侣之间的感情等都是只有激情而没有亲密和承诺的。

3. 空洞的爱

双方仅仅是在信守一个承诺，彼此间缺乏亲密和激情，这种情况下的恋爱可能是为应父母之命、媒妁之言。例如父母安排的恋爱，为达到某种目的而承诺的恋爱；也有可能是双方自由恋爱后由于主观或客观原因使得彼此之间无法交流沟通或发生亲密行为，但仍然坚守当初的恋爱约定，比如异地恋。这时候的爱情由于缺少了必要的内容，会变得空洞无味，甚至无法持续。

4. 浪漫的爱

浪漫的爱有亲密关系和激情体验，但没有承诺。这种爱情崇尚过程，不在乎结果，很容易发生，也很容易结束，因为双方都没有把彼此纳入自己的人生规划中，“不在乎天长地久，只在乎曾经拥有”。其实，很多人爱情的开始产生于浪漫，但如果两人恋爱关系持续了一段时间后仍然只想着“曾经拥有”，并不考虑双方的将来，这种不负责任的恋爱态度注定不会有好结果。

5. 伴侣之爱

伴侣之爱有亲密关系和承诺，却缺乏激情。结婚多年的夫妻有时会感受到这种伴侣的爱，这种感觉正如电影《一声叹息》中的经典台词所描述的："摸着老婆的手，就像左手摸右手。”长期的陪伴生活会导致审美疲劳，性吸引力下降，但是如果要抛开自己的一只手，那也是断臂之痛。跟空洞的爱差不多，没有激情的爱情还能叫爱情吗？此处指的是四平八稳的婚姻，只有权利、义务，却没有感觉。

6. 愚昧的爱

愚昧的爱只有激情和承诺，没有亲密关系。没有亲密的激情顶多是生理上的冲动，而没有亲密的承诺不过是空头支票。

7. 完美的爱

完美的爱同时具备三个要素，即亲密、激情和承诺。只有在这一类型中我们才能看到爱情的庐山真面目。

斯滕伯格认为，前六种都只是类似爱情或非爱情，在本质上并不是爱情，只有第七种才是爱情。而我们在现实生活中碰到的类似爱情和非爱情的情形实在太多，以致把具备三要素的爱情当作一种超现实的理想状态。

（三）影响爱情的因素

1. 依恋类型

研究者发现，孩子早期与父母的感情关系在他们成年后可能会影响到其介入爱情的方式。童年受到过悉心养育的人往往会和他们日后的伴侣发展出温馨而具有支持性的感情。若父母能及时回应并关心孩子，孩子体验到足够的安全感，会对父母形成安全型依恋。安全型的人对亲密关系和相互依赖感觉很自在，他们乐观外向，并且愿意参加社交活动。若父母通常对孩子不闻不问，则孩子很可能会形成回避型依恋。回避型的人喜欢依赖自己，对亲密关系没有多大的兴趣，往往表现出冷漠而独立的一面。

2. 性别

人们往往认为女性更多情，更重视爱情的价值。然而，根据大量对男性和女性“坠入情网”和“结束爱情”等现象的研究发现，其实男性比女性更容易坠入情网，而且似乎更难从一段爱情中解脱出来。相对于女性，男性很少会结束一段即将步入婚姻殿堂的爱情关系。热恋中的女性则一般会更多地投入情感，有更强烈的情感体验。另外，女性比男性更加注重两个人之间的亲密感，会更多地关心她们的伴侣；男性则比女性更多地想到恋爱中的嬉戏以及性的方面。在对爱情的满意度上，女性对爱情的满意度比男性低，这有可能是因为女性的要求比男性高，也可能是因为男性从爱情关系中得到的比女性多。

3. 年龄

从众多研究结果可以发现，一些年纪较大的人实际上比年轻的已婚的人对爱情持有更浪漫的态度。在年岁增长的同时，大多数人也会变得成熟。他们的激情渐淡，但是会更为积极地面对感情。孩子已经长大离开家的已婚夫妇对爱情的力量表达出比更为年轻的人（如高中生、新婚无子女夫妇、结婚有幼龄子女夫妇）更强的信念。浪漫的爱情与年龄之间的关系是一个浅的、开口很大的 U 形曲线关系：年轻人决定结婚的时候会非常浪漫；当进入家庭生儿育女、支撑家庭生活后，婚姻中会缺乏浪漫的气息；但当年纪见长，孩子们最终离巢后人们会变得最为浪漫。在那些婚姻持续 20 年以上的伴侣中可能会发现这一模式。

4. 嫉妒

一般在恋爱中会因为伴侣与第三者的关系而产生嫉妒的感情，实质上是个体对于被情人或配偶抛弃、投入他人怀抱的一种恐惧。产生嫉妒的因素主要有对爱情的过分依赖、对爱情关系的不确定感、依恋的类型、人格特点和传统的性别角色等。嫉妒中的人，既渴望保持关系和自尊，又会因此生出焦虑、愤怒。女性较容易表达嫉妒的情绪，男性则倾向于拒绝承认。研究发现，男性对伴侣性爱方面的不忠诚很容易产生嫉妒，而女性对伴侣感情不忠诚的反应更为强烈。

男性和女性对嫉妒的反应也不一样。女性常常会尽力改善与伴侣的关系，她们表面上不介意，但会努力使自己变得更有吸引力以打败第三者，在嫉妒后女性更加依附于男性。而男性则会努力保护自己的尊严，试图与第三者交锋复仇，并且追求别的女性。女性似乎专注维系现有的关系，而男性则考虑离开现有关系，寻找新的伴侣来疗伤。

二、相伴的旅程——婚姻

两个人的爱情开花结果就会结婚，但也有人说爱情是婚姻的坟墓。爱情跟婚姻的关系大吗？其实，人类社会之所以出现婚姻，与爱情并没有关系，而是出于政治和经济原因。婚姻的产生仅仅是为了经济安全和繁衍后代。在古代，夫妻间相敬如宾，关系和谐，但是配偶却过着各自不同的生活。人们从朋友和亲戚那里寻求爱和支持，而不是从配偶那里。但是在现代社会的婚姻观中，爱情是婚姻的基础，大多数人相信爱情是幸福婚姻的关键。一项研究表明，86% 的男性大学生和 85% 的女性大学生表示他们不要没有爱情的婚姻（Simpson et al.，1986）。这说明随着社会的发展，婚姻关系的本质也发生了改变，爱情在影响婚姻的诸多因素中的支配作用也越来越突出。现代的婚姻关系也发展成为一个超级关系联盟，其中有精神、性、浪漫关系和情感需要，也有社会、经济和信仰方面的需要（Whitehead & Popenoe，2001）。

（一）婚姻的内涵

研究表明，现代婚姻本质上是男性和女性为了更有效地满足其多种需要而结成的法律上、道德上和心理上的多种关系共同体。完整的婚姻包含三层关系。第一层是性伙伴的关系。人类学家 William Stevens 认为婚姻是社会合法的性结合，性关系也是婚姻满意度的重要因素。在一般家庭中，性对婚姻满意度的贡献率达到 25%；而在婚姻破裂的家庭中，夫妻间性关系不和谐占到了 50%，说明婚姻失败很大程度上跟性的因素有关。第二层是契约关系。在一个明确的婚姻契约里，详细说明配偶之间、配偶和子女之间的责任和义务。例如，配偶双方要运用组合的各种资源来共同经营家庭（包括生育儿女、获得生活资料和生产资料），进行分工合作。第三层是精神层面的朋友关系，即双方能在思想和感情上进行有效的交流与沟通，获得感情支持。因此，人们在婚姻中不仅可以获得生理需要（主要是性）和物质需要（如经济保障、住房和相互照顾等）的满足，还能获得爱、依恋、情感交流、思想沟通、娱乐等需要的满足。但是，不同时代的婚姻，其需要层次的侧重点和需要的满足程度都有所不同。

（二）影响婚姻质量的因素

1. 婚前准备

大多数的青年男女在还没有做好充分准备的情况下就步入了婚姻，这给婚姻、家庭埋下了隐患。尤其是现在的年轻人大多数都是独生子女，被父母娇宠惯了，平常都是以自我为中心，一旦建立了家庭，没有完成为人夫、为人妻、为人父、为人母的角色转换，还是以自我为中心，总是要求别人围着自己转，这样的婚姻就不会稳定，不会幸福。幸福的婚姻需要做好包括物质、生理和心理上的婚前准备。人们往往只重视物质准备，而忽视了生理和心理准备。我们必须重点强调心理准备。心理准备包括：审视自己，是否了解对方？是否能容忍对方？是否能克制自己？面对指责、抱怨、发脾气等是否能保持冷静，不做出过激的行为？男人做好为人夫、女婿的准备；女人做好为人妻、儿媳的准备。要有相互习惯、适应新家庭、适应新家庭人际关系、正确处理问题矛盾的心理准备。婚姻除了爱情之外更多的是责任和义务，要对对方、对下一代负责任，还要对社会负责任。所以结婚一定要慎重考虑，做好婚前准备。

2. 经济因素

常言道："贫贱夫妻百事哀。"很多人认为没有经济基础的婚姻不会幸福。但近年来的一些调查数据展示出不同结果，2011 年一项对 2 500 名北京市民的抽样调查发现，物质因素与人们评价婚姻满意状况无显著相关。2014 年《重庆市婚姻家庭现状分析与民政指导服务研究》调查了重庆主城 9 区 6 000 名已婚人士，收到了 5 665 份有效调查问卷，结果发现人均月收入在 4 000 ~

10 000 元的家庭，幸福感和婚姻质量满意度最低；而令人意外的是，人均月收入在 1 000 元以下的家庭，各种指标的综合得分是最高的。这说明婚姻满意度与对婚姻的期望和要求有关，对人均月收入在1 000元左右的家庭来说，也许一家人快快乐乐、健健康康就是幸福；而中等收入家庭的要求会高一些，容易感觉生活不上不下，房贷、车贷、孩子等各种压力，直接拉低了婚姻质量。也有一些研究结果证实了经济条件的重要性，如住房狭窄、收入低下、生活枯燥、互动不足在一定程度上降低了当事人的婚姻质量。经济基础好者更能满足婚后生活中的各种需要，减少婚姻生活中的冲突矛盾。由此可见，金钱的确能够解决一些问题，但也会制造一些麻烦。因此，高质量的婚姻更依赖于情感方面的因素，如理解对方、相互扶持、相互依靠等。

3. 夫妻互动

夫妻双方原本是独立的个体，价值观和性格都会有差异，生活理念不同，性格行为方式不同，肯定会在共同生活过程中有所摩擦和冲突。有的夫妻争吵后能求同存异，顺应对方；有的夫妻却感情变淡，甚至变成仇人。因此，积极的夫妻互动是影响夫妻婚姻满意评价的重要因素。积极性的互动关系包括夫妻间相互陪伴、积极的语言沟通和知心。相互陪伴如双方经常共同散步、一起走亲戚、上街购物、参加朋友聚会、看电影、运动等。积极的言语沟通，如送配偶一些表达心意的礼物或意外的惊喜，常对配偶说“亲爱的”“你真好”“真能干”“我爱你”之类的赞赏和传情语，以及“你辛苦了”“谢谢”“请原谅”“再见”等日常敬语等。知心是指能站在对方的立场理解对方、支持对方。费孝通曾在《生育制度》中描述般配的婚姻模式“高度契洽不易凭空得来，只有在相近的教育和人生经验中获得”。良好的婚姻是由夫妻双方积极互动磨合而成的。

4. 性生活满意度

夫妻在满足对方感情需要的同时，不可忽视对方生理方面的需要。有些妻子从小到大都没有受到良好的性教育，回避谈性，对丈夫的生理要求不是拒绝就是敷衍了事，这很容易影响夫妻间感情。另外，传统认为男性重视性生活而女性重视感情的观点也在受到挑战。2014 年对中国城乡居民婚姻质量的一项研究表明，影响夫妻婚姻质量的主要因素是性生活满足程度。这可能是社会的进步、女性的解放使得女性的性生活满足与其婚姻满意度直接联系在了一起。

三、身心的港湾——家庭

德国诗人歌德说：“无论是国王还是农夫，家庭和睦是最幸福的。”只有家庭和睦，家人才能快乐健康，事业才能兴旺发达，我们的社会才能和谐文明。

（一）家庭的内涵

家庭是由具有婚姻、血缘或收养关系的人所组成的社会生活的基本单位。它是人类社会最基本的初级社会群体，也是一种最普遍、最固定和最持久的社会组织形式。在一个完整的家庭中，家庭成员都生活在一起，并被认定具有相互的权利和责任。家庭是婚姻关系的产物。随着婚姻的到来，夫妻开始组成新的家庭，建立新的家庭关系，如夫妻关系、亲子关系、姻亲关系等。

正如每个人都会经历从少年、青年、中年到老年的发展阶段一样，家庭也存在着其发展的生命周期。家庭生命的周期涉及家庭各个发展阶段的顺序关系，预示家庭的发展模式。为了描述家庭的发展，社会心理学家 Carter and McGoldrick（1988）提出了家庭生命周期的六阶段发展模型，六个阶段分别为：不再依恋父母的青年（年轻人开始独立，不再依恋父母，介于家庭和恋人之间）；通过婚姻组成家庭（建立新的人际关系，熟悉丈夫和妻子的角色，建立新的家庭）；有幼儿的家庭（接受新成员的到来，扮演父母的角色，建立亲子关系）；有青少年的家庭（家庭结构随着孩子的逐渐独立而出现灵活性和可变性）；孩子离家走上社会的家庭（对亲子关系产生影响）；晚期生活的家庭（探索新的家庭角色和社会角色）。

（二）家庭的功能

家庭功能是指在特定的社会条件下，家庭对内部成员和社会所产生的价值和做出的贡献。家庭的功能受社会形态的制约，不同社会形态下的家庭其功能有所差别。有些是共同的，任何社会都具有，被大家普遍接受并认同。有些功能会随着时代的改变，在内容和形式上有新的变化，有些功能则是新派生出来的。

1. 生育功能

没有一个社会鼓励家庭之外的生育。家庭对生育以及养育子女提供保障，包括照顾子女的生活、教育，也为子女的社会适应、人格发展等社会化活动承担责任。

2. 经济功能

家庭为了满足家庭成员的衣、食、住、行等需求，要从事各种经济活动来获取生活资料和必要的工具。而且，家庭成员之间需要彼此合作。

3. 感情功能

家庭的感情功能，是指家庭为了满足人们之间情感交流与结合的心理需求所发挥的作用。家庭也常常被认为是对其家庭成员进行保护和关怀的环境。

虽然家庭具有这些功能，但是家庭功能并不总是按预期发挥。研究者发现，家庭功能的发挥与家庭系统的应变能力有一种线性关系，即家庭系统的能力越强，家庭功能发挥的效果越好。还有研究发现，家庭功能的发挥与家庭凝聚性（家庭成员相互间的情感关系）、家庭适应性（家庭系统为了应付外在环境压力或婚姻、家庭的发展需要而改变其权势结构、角色分配或联系方式的能力）和家庭沟通有关，凝聚性和适应性过高或过低都不利于家庭功能的发挥。而且，在家庭生命周期的不同阶段，家庭的凝聚性和适应性会出现有规律的变化，从而对家庭功能的发挥产生不同的影响。

（三）影响家庭幸福的因素

1. 家庭类型

根据家庭关系的不同组合，我们可以把家庭分成不同类型。我国现代的家庭结构大致分为：①单身家庭，指只有一个人的家庭；②核心家庭，指由一对夫妇及其未婚子女组成的家庭；③主干家庭，指含三代以上成员但每代最多只有一对夫妇的家庭；④扩大（联合）家庭，指含三代以上成员且至少一代有两对夫妇的家庭；⑤夫妻家庭，指只有夫妻两人的家庭，以及无子女或虽有子女但已不在一起生活的家庭；⑥单亲家庭，指由夫妻中的一方与其未婚子女组成的家庭；⑦隔代家庭，指由祖孙两代组成的家庭，子代缺失或不在一起生活。其中核心家庭对亲属网络的依赖性较小，具有较强的独立性，家庭中人际关系简单，是最稳定的家庭类型。扩大的核心家庭由于存在较多的关系，如婆媳关系、妯娌关系等，因此也更容易发生各种家庭矛盾。总之，家庭中的人际关系越多越复杂，家庭就越不稳定。

2. 家庭排序

家庭是一个由许多关系组成的系统。核心的有夫妻关系、亲子关系、父母关系，还有姻亲关系，包括兄弟姐妹关系（是第一代的旁系血亲关系，有兄弟、兄妹、姐妹、姐弟关系）、婆媳关系（婆婆与儿媳之间的关系）、祖孙关系（隔代的直系关系，祖父母与孙子女，外祖父母与外孙子女的关系，也是所有姻亲关系中矛盾最少的一种关系）等。这种关系系统需要联结、平衡，并具有一定的秩序。海灵格曾说："爱跟秩序的冲突是所有悲剧的开始和终结。"例如婆媳矛盾，不管是传统的还是现代的婆媳矛盾，造成冲突的一个重要原因是母子之爱和夫妻之爱的冲突：母亲因为儿子的长大离开而感到失落，妻子会因为婆婆干涉夫妻决策而不服。家庭系统因此出现失衡，需要重新建立一个平衡的秩序。让婆婆和媳妇找到属于自己的位置和使命，同时还要发挥儿子的中间作用，运用血缘和姻缘两条纽带来联结、协调婆媳关系，使她们在爱护共同的对象时，也彼此关爱，和睦相处。

3. 家风

良好家风是美满家庭的灵魂。良好家风的内涵包括：健康向上的思想氛围、积极的情感氛围、较好的智力氛围、良好的道德氛围。树立良好家风的意义在于促进良好社会风气的形成，促进家庭成员的身心健康，为家庭成员成就事业提供有力的支持。树立良好家风的措施包括注重继承传统文化中良好的家风，注重家长言传身教在家风建设中的作用等。

4. 亲子教育

在家庭教育中，父母是教育者，在教育过程中居于主导地位。处理好父母子女关系，父母是关键。首先，父母要尊重子女的人格和自尊，把子女看成是独立的人，是未成年人，是处于发展中的人。其次，父母要有足够的耐心。对子女要严格要求，但不要求全责备；希望子女快点进步可以理解，但不要操之过急，要尊重孩子的成长规律。再次，如果父母错了，就要勇于认错，切实改正。最后，父母要向子女学习，取彼之长，补己之短，逐步完善自己。

第二节　正确处理恋爱中的矛盾与冲突

一、如何处理求爱被拒

2011 年 9 月，因求爱被拒，安徽某中学一名 17 岁的中学生陶某强行闯入民宅，将汽油泼向一直追求的女同学周某，并用打火机点燃将其烧成重伤，面容尽毁。陶某因犯故意伤害罪被判处有期徒刑 12 年 1 个月。此事引发了大众关注。人人都有追求他人的权利，也有拒绝追求的权利，如何正确对待求爱被拒呢？

1. 主动放弃，人贵有自知之明

也许你早早就喜欢上了某人，当鼓足勇气跟她/他表白时，她/他却婉转拒绝了你的爱。这时，明智的做法是开个玩笑或者转移话题避免彼此之间的尴尬，不应向对方发泄不满的情绪。因为每个人都有追求他人的权利，也有拒绝他人追求的权利。落花有意、流水无情的事情每天都在发生，你也会有拒绝别人的时候。这时虽然心里难受但不失态是尊重他人的表现，能体现自己的成熟和风度。人贵有自知之明，不是自己的“菜”就要学会主动放弃，淡然看待。

2. 不要悲观，失败乃成功之母

她拒绝我是因为我不够帅，她拒绝我是因为我的性格问题，她觉得我不成功，我一无是处……这些消极的想法会让你更加自卑，而自卑心理又会反过来抑制你的表现，这样下去只会是恶性循环。俗话说，“萝卜青菜，各有所爱”，拒绝你是因为当下你们不合适。若只是悲观失望且自认为这是无法改变的事情，只会让你伤痕累累。你应该化悲痛为动力，让失败成为成功之母，让自己从中吸取养分逐渐成长。不少人都是经过长期的努力，才最终打动对方，喜结连理。当然若总是被拒，你也可以考虑是不是换个更匹配的恋爱对象。

3. 严防得不到就毁掉的心态

年轻人易冲动，有些人恋爱遇到挫折时会钻牛角尖，进而怀恨在心，产生“得不到就毁掉”的想法。这是极端错误也是非常危险的。每个人都需要为自己的行为承担责任，没有人逃得过。人生不是游戏，输了、错了都是不可以重来的。另外，恋爱不是要霸道，想要获得对方的欢心，首先要学会什么是爱。爱是无私的，真爱一个人时，会真心想要她好，而不是满足自己强烈的独占欲。

二、如何处理双方矛盾冲突

爱情之所以让人向往是因为它包含酸甜苦辣各种滋味。既有热恋时的甜蜜开心，自然也会有争执时的愤怒难过。如果和另一半发生了矛盾和冲突，首先不要急于责备对方的种种错误，而是要先冷静，弄清问题的本质再想对策。处理步骤如下：

1. 不要害怕、回避矛盾

不要害怕矛盾，恋爱中出现矛盾是很正常的。其实平日里小吵小闹通常都是感情的润滑剂，而不吵不闹的感情通常会“死”得不明不白。不要误以为出现矛盾就是爱情破灭了，对方不再爱你。其实有矛盾冲突，爱情才会有发展。因为种种矛盾的出现，会使你更深入地了解对方，甚至看到以前从未发现过的东西。所以对于矛盾冲突别那么悲观，矛盾或许可以推动你们的感情继续向前发展。当矛盾出现时，最好先换位思考，即设身处地从对方所处的位置和情境去思考和处理，体察对方的潜在动机，不要按自己的想法简单地看待问题，而要清醒理智地思考及相互理解。

2. 面对矛盾冷静处理，少指责抱怨

恋人之间发生矛盾以后，不要老是相互抱怨并形成一种消极的“定式”。要想对方尊重你，你得先尊重对方。你若还爱对方，就要以“大局”为重，用能让这段感情持续的方式跟对方交流，比如彼此冷静，彼此换位思考，也可以尝试着每次用一些不同的调解方式“嬉笑打闹”地解决问题。另外，即使对方错了，也要宽容为上，若非大是大非的问题，不必过分挑剔。人无完人，孰能无过，尊重和宽容永远是人际交往的黄金法则。

3. 弄清双方目的，求同存异

搞清楚双方在意的问题究竟是什么。有时候你和对方发生矛盾，你认为她嫌弃你收入太低，她认为你对她不够信任，两个人无法得知对方话里的真正意思，这无助于问题的解决。只有搞清楚两个人的问题和矛盾所在，才能找到协调的办法，做到求同存异。最好的做法就是达成一个新的一致，在这个前提下，容许各种不同的观点存在，双方都做出一定妥协。只要你们都爱对方，就要学会理解和接纳，包容和信任对方。

4. 不强迫

其实一切矛盾和冲突，归根到底都是你和爱人之间的种种不同意见造成的。很多时候，没有对与错，也不是谁比谁更聪明。不要把自己的意见强加给别人，而要试着去理解对方。如果两人尝试过积极沟通、妥协都无法解决问题，委曲求全还不讨好，这样的感情注定不会长久，双方都可以做回自己，去寻找更适合的另一半。

5. 进行有效沟通

出现矛盾时，最忌蛮不讲理地哭闹、抱怨和批评，其实这些都是无济于事的。那么如何进行有效沟通呢？你可以跟对方摆明事实，谈谈自己的想法和感受，说些很实际的问题，并把问题谈透。如果你有一个很好的正面态度，不那么情绪化，事情就不会变得麻烦。

三、如何处理分手伤害

有恋爱就有失败，所以要学会理智处理。每一天，全世界有成千上万人面临重要关系的破裂，许多人在之后找到了更加圆满的生活。而选择停留在内心折磨里的人，几个月甚至是几年里，依旧过着自我毁灭式的生活。

1. 克服不合理信念

分手后常见以下几种情感低迷：①自卑。觉得对方的离开是因为自己不够好，不断反省自己哪里出了错，满脑子都充斥着“我留不住他/她，我不够好”“我没有什么价值”的念头。②纠缠。感到无法承受，即使痛苦，却宁愿纠缠不休地想各种办法争取对方回来。“没有你我不行”“你回来吧”“你别不要我”，甚至有了“我死给你看”的念头。③攻击。坚持认为对方伤害了自己，一切错都在他/她，内心的怨恨不可抑制，甚至会愤怒地攻击，“我不会为了一个混蛋难过”“是你伤害了我”“是你配不上我”“祝你不幸福”，这实际上是推卸掉自己对于这段感情失败的所有责任。④逃避。相信开始一段新恋情是走出旧恋情最好的方法，于是选择立即追逐新恋情或者寻找一夜情。但即使不停更换伴侣，也找不到自己真正所爱，甚至连自己都不清楚想要什么，只是在用男女关系麻醉自己的伤痛。⑤绝望。深深感叹“我的真爱已经离开，我再也不能爱了”“不会再有合适的人了”，你认为所有感情都在上一段恋情中消耗殆尽了，似乎全世界只有一个人值得去爱，从此不再相信爱情，悲情、麻木地活下去。这些观点显然都是不合理的。但是，人在面对痛苦时，负面的情绪往往会充斥大脑，使我们无法正常思考。我们可以冷静下来想清楚，克服不合理的想法，合理宣泄情绪。

2. 留出适应期

如果你刚刚分手，出现上述情感低迷症状时，需要先放松下来，告诉自己分手初期（3 个月到半年）是情绪和能量的自然释放期，出现这些反应是正常的。在这个阶段里，你要给自己提供一个安全的环境来表达你的情绪和感受，找到一个能够倾听你的想法，能让你宣泄情绪的人很重要，从朋友或家人身上获得支持也非常重要。这个时候千万不要做出一些过激的决定，否则会产生无法挽回的后果，只要熬过了前 3 个月，你就会守得云开见月明了。慢慢地，我们会抽离出来看曾经的感情关系，理性地看待自己和对方，找到自己的责任，并决心放下一切继续前行。如果超过一年甚至更长时间持有并强化这些信念无法自拔，就应该考虑是否需要专业的帮助了。时间是治愈一个人创伤的最好良药。

四、如何处理情感障碍

研究表明，服刑人员中有述情障碍的占 40%，很多人不懂得描述和表达自己的情感，也缺乏描述他人情绪的能力。因此，要想解决双方由于沟通或情感表达导致的冲突，有必要对自己进行情绪表达训练。情绪表达训练所要达到的目标是：能感受并辨别自己和他人的情绪，并能用准确的语言加以描述；能理解自己和他人的情绪，并用恰当的方式加以表达或调节。

1. 提高自己的感受性

提高自己的感受性是指提高自己对他人情绪反应的敏感度。具体方法有：①摆脱自我中心，学习关注他人。②对情绪描述语做词汇替换练习。如“烦恼”的替换词有不快、郁闷、心烦、苦恼等；“高兴”的替换词有快乐、欣喜、愉悦、兴高采烈等。③通过对电影、小说、诗词等的观赏与分析体验人类情感。④培养对他人需要的敏感度。一声叹息，一个欲言又止的表情，一次嘴角的牵动，都可能反映出人的需要，要学习从这些细微的表情变化中迅速察觉到他人的需要。

2. 提高对他人的理解力

理解以倾听为前提，以准确地表达出自己的理解为最终目的。所以，首先要学会倾听，听的过程中要专注，不做价值判断，通过提问确认问题，表达理解与关心等。其次，还可以通过观察非言语信息如表情、目光、站坐姿势、人际距离、语气、语速、语调等增加对他人的理解，也可以采用换位思考法提高对他人的理解力。

3. 学会表达共情

培养共情的方法很多但却因人而异，只要我们有对他人的关切、理解和尊重，就可以以无限多种方式来表达我们对他人设身处地的理解与关怀。比如，表达对他人情感的理解的句式“你感觉……”；表达对他人意图的理解的句式“你想说的是……”；表达对对方情感与意图的尊重“我知道这对你很重要……”；表达对对方的关心“你需要我为你做些什么吗”。

第三节 正确处理婚姻中的矛盾与冲突

一、如何正确择偶

择偶是人生中一个重要的事件，是婚姻的前奏曲。随着改革开放的不断深入，女性的择偶标准中经济因素的比重日益加重，而且随着社会文明的进步，择偶的标准也呈现多样化。除感情因素外，对方的经济收入、职业、学历、能力和长相等因素也都是不可忽视的重要参考条件。有人说过："以利交友者，利尽则散。以色交友者，色衰则疏。以貌交友者，久之则腻。唯有以心交友者，方能永恒！"择偶是幸福婚姻的开始和保障，以下是一些正确的择偶标准：

1. 相似性或一致性

根据"同类匹配"理论，在择偶时最好选择与自己在信仰、价值观、受教育程度、年龄、居住地等方面相近或类似的异性为配偶。人们常说的"门当户对"是重要的择偶标准，能较好地预测双方婚姻的幸福程度。

2. 互补性

在心理需求上，伴侣之间最好是互补。这样相互间可以彼此扶持、鼓励和帮助，不断满足需要。选择一个不完全相异却又能反映自己内在特质的伴侣，能使人在婚姻生活中感到无限满足。双方若缺少了相异处，就难以有所牵引；若少了相似点，也就不可能相濡以沫。唯有在相似与互补的不断结合中，爱情和婚姻才能得以发展和稳定。

3. 男女择偶标准的差异。

择偶时，男性多要求女性年轻、漂亮，而女性对男性多要求有能力或有不错的工作地位。在年龄、教育、经济条件的选择上，女性往往选择年纪比自己大、学历比自己高、收入比自己多的男性；而男性则恰恰相反，选择比自己小、工作相对稳定、学历和收入都比自己低的女性。但这并不是绝对的。这种趋势被称为择偶梯度。还有研究显示，女性择偶更谨慎、挑剔，条件更周全等。当两性的选择空间比较大时，共同维持婚姻的态度和能力则显得更为重要。此时，男性和女性都认为内在特征如友善、有同情心、幽默等，比这些外在的特征如外表吸引力、运动能力和地位等更重要。

二、如何对待婚外情

婚外情是一种见不得光、难以长久，也不为公众所接受的感情。不管曾经爱得多么轰轰烈烈，终究难以迎来执子之手、与子偕老的幸福。那么面对婚外情该何去何从呢？有以下几个建议：

（1）反省自己："今后怎么办？""鱼和熊掌可以兼而得之吗？"使自己和情人都能够面对现实。

（2）维持现状，减少约会，使自己心情平静下来。

（3）转移注意，改变环境，调节夫妻关系，疏远情人。

（4）如本人已决定摆脱这种关系，就不必再犹豫，也不必向对方解释什么，下决心不再见面即可。

（5）升华：保持友谊，成为较近的异性关系；终止性的关系。

（6）也可考虑是否需要结束自己确实失败的婚姻，如果有决心，就该有成熟合理的行动方案。

三、如何对待婚姻失败

当婚姻关系令人感到痛苦时，人们会采取不同方式进行回应。研究发现，人们处理失败的婚姻关系时常有忍耐、忽视和改变三种方式。一些人会忠诚于伴侣，等待时机以改善关系。虽然婚姻关系的问题很痛苦，令人不愿提及，但考虑到过高的离婚成本，忠诚的一方会坚持下去，以期待昔日光阴的重现，此时的婚姻关系常常被称为"空壳婚姻"。另一些人（尤其是男性）会忽略伴侣，他们会消极地无视伴侣的存在并任由婚姻关系继续恶化，这导致情感上的分离、交流更少，开始重新定义没有彼此的生活，结束关系。还有一些人会表达他们在乎的内容并采取积极措施来改善婚姻关系，比如讨论问题、寻求建议、尝试改变。

值得鼓励的是，首先双方安静下来，彼此省察自己的过错，然后找到适当的时机向对方说明自己的过错，表示歉意。如果彼此间有更多的理解、包容、忍耐，冲突便易于化解。值得一提的是，再婚的成功率并不高。在第二次婚姻里，人们可能调整对婚姻的期盼，再婚者比第一次婚姻的人们觉得幸福。但是，这并不表示他们的婚姻就会稳定。我们从离婚的影响因素中可以发现，再婚成功的可能性并不大。由于顾忌到孩子等现实因素，有将近30%的再婚形式是破镜重圆，离婚的双方在经过一段冷静的思考与对比后，发现原先的配偶还是最合适的。

第四节 正确处理家庭中的矛盾与冲突

一、如何处理亲子关系

1. 形成良好的教养方式

研究表明，来自民主型家庭的儿童被认为具有较强的社会能力，专制型家庭的孩子独立性较低、社会责任感不强，而放任型家庭中的儿童青少年缺乏自控能力和自我信任，缺乏社会责任感和独立性，在认知和社会性发展中缺乏主动性。父母对孩子的情感投入与孩子的情感发展有着密切关系。但在放任型的家庭中，母亲对孩子情感发展的低参与水平不利于孩子的发展和成长。许多研究表明，民主型的教养方式更有利于儿童认知和社会性发展，而专制型、宽容型和放任型的教养方式对儿童青少年心理发展存在不同程度的影响。事实也证明，来自父母的关爱对一个孩子健康成长的重要，而父母对孩子过多的自由限制和主权控制，均会导致孩子在青少年时期甚至成年时期产生诸多的心理和精神障碍。

2. 重视亲子依恋关系

在亲子依恋关系的发展过程中，儿童与父母之间温暖、亲密和稳定的依恋关系，是影响儿童以后心理健康最重要的因素。安全型依恋可以使儿童具有自信、好奇、富有同情心和坚持性的特点，在自我控制、社会交往与合作等方面有更好的表现；而消极的依恋关系将导致儿童焦虑、孤独、敌对和日后人际关系中信任感的缺乏。孩子与父母的依恋关系不是一成不变的，它会随着家庭内部关系的变化，如孩子进入学校、步入社会而改变。在亲子依恋关系中，父爱和母爱不同的角色表现为不同的作用。首先，母亲对儿童身心所需要的敏感性与反应性的影响是母性意识的重要方面，母爱常常以情感支持和养育为中心；父亲则帮助孩子认识世界，对子女的认识能力、智力、世界观和价值观做出影响。研究发现，对父亲的依恋可以显著地改善儿童的学校适应、同伴交往能力，尤其是焦虑、退缩行为；对母亲的依恋显著地改善了儿童的同伴交往能力。其次，母亲对孩子幼儿时期的影响较大，父亲对孩子的影响则从少年到青年期逐步增大。在青年期，母亲提供情感支持，而父亲则是理性的监督者。

二、如何处理家庭矛盾

1. 大事化小，小事化了

家庭矛盾大多源起于一些琐事，比如家务劳动时怪对方懒，嫌对方烧的菜不好吃，为了谁烧饭、洗碗而争吵，甚至为了谁削梨、削苹果而闹得不欢而散。其实，只要说清楚规则就能大事化小，比如谁有空就谁做。都有空，谁有优势就谁做，费体力的家务活由男人承担，一些轻巧的活由女人做。

有些新婚夫妇，一旦自己受了委屈，本来是件小事，就向自己爸妈诉说对方的不是。而有些长辈，不管谁对谁错，一味地呵护自己的孩子并数落对方，导致矛盾激化。夫妻间应秉持大事化小、小事化了的做法，不要让长辈参与到彼此的冲突中，这样不利于矛盾的解决。

2. 控制不良情绪

现在的年轻夫妻大部分都是独生子女，比较任性，容易以自我为中心，在婚姻中的忍让性、宽容度不够，所以矛盾激化时不肯互相谦让，矛盾激化后草率地离婚。出现问题，要善于沟通，冷战无益，要多从自身找原因，退一步海阔天空。女人要温柔体贴，男人要宽容豁达。婚姻需要男女双方共同地用心经营，这样才能让婚姻走得更远。

3. 树立良好家风

家庭成员常会因财产产生分歧，因孩子教育出现摩擦，因家庭暴力而导致矛盾激化。因此要树立良好家风，以家庭中的品格高尚者为榜样。当因财产产生分歧时，要明白使人幸福的是品德，而不是金钱。因孩子教育出现摩擦时，要想起父母是孩子行为的榜样，少在孩子面前争吵。良好家风促进每个人在家庭中都做好自己，做一个正直的人，这样才会使家庭问题容易沟通解决。

4. 求助专业人员

如果家庭成员彼此实在无法解决问题，可以求助专业人员，例如心理咨询师、家庭治疗师或婚姻咨询机构，甚至相应的民政机关和法律机构，让专业人员来辅导处理或调解家庭矛盾。

三、如何正确对待亲人离世

面对亲人突然离开，当事人在无法接受事实的同时常会产生一些心理问题。第一，内疚感。当事人会联想起许多以往生活中自己没有好好对待、照顾亲人的往事，从而更加觉得自己对不起逝者，让自己陷入内疚的自我折磨之中。例如，在天灾人祸中亲人离世，幸存者大多会有很深的自责与内疚情绪：“如果当时我……，逝者就不会……”似乎是自己的错误导致了亲人的死亡。第二，失控感。亲人离世导致客体与当事人联系中断，即日常生活陪伴和心理依恋关系的中断。尤其在意外离世发生后，当事人心里将体验到强烈的失控感和无力感。失控感源于当事人生活规律、节奏、习惯被迫遭到扰乱，一时不知如何应对。无力感源于面对失控的现实局面以及与自身内心世界连接的客体的消失导致的被抛弃感。第三，孤独感。这是一种封闭心理的反映，是感到自身和外界隔绝或受到外界排斥所产生的孤独苦闷的情感。亲人离去或恋人离开会导致当事人将原本投注于外部（丧失客体）的情感因无处投放而收回。失去希望的丧失会导致当事人出现强烈的挫败感。此类指向自身的负面情感将会共同造成当事人心理封闭，孤寂倍增。

1. 接受丧失及痛苦

当丧失发生时，当事人第一反应通常是否认，包括否认事实和这一事实带来的影响，表现出保护性反应（如情感麻木、健忘症、认知回避等），言语上表现为“这不可能……”等一系列否认的话语。同时有些当事人虽然接受失去这一事实，但否认失去对自己的影响。比如说“失去了，我不在乎”……此否认反应是真实的、正常的第一反应，但只允许短时存在。若一直持续则为异常，即表现出明显的防御机制，很不利于当事人的心理健康。此时辅导者要引导当事人面对现实，接受丧失不可扭转的事实及其带来的影响。

丧失意味着失去，失去必然痛苦。所以经历丧失后，哀痛是必然的，也是正常的。当事人要接触哀痛、感受哀痛、表达哀痛，而不应该压抑哀痛。所以经历丧失后，恰当的做法是承认、面对并适当表达由丧失导致的各种情绪感受。

2. 重新适应环境和自我世界

丧失导致的直接后果是原有生活节奏与习惯被打乱，自我形象遭到动摇。如亲人或好友的离世将导致他们在当事人生活里角色位置的缺失，故适应生活中的缺少是当事人经历丧失后的一项艰巨任务。若是身体伤残、希望丧失等，将直接导致当事人自我形象、自我认识的颠覆。此时树立新的正面自我形象、意识、生活观等非常重要。

3. 将情绪活力重新投入其他关系和事业上

当事人重新调整自己适应环境和自我世界后，应将情绪活力重新投入到其他关系和事业上。此阶段未完成的典型表现是不再去爱。真正完成哀伤过程的当事人应对生活继续充满希望，用心构建自我世界，营造良好的人际关系。哀伤辅导中，情绪处理策略缺失会给当事人带来巨大的身心冲击，同时导致各种困扰和问题发生，如现实生活问题和情绪困扰问题。哀伤辅导的重点则是处理当事人的情绪困扰，相应心理治疗技术有倾诉宣泄、空椅技术、角色扮演、仪式技术和保险箱技术等。

第二章

恋爱、婚姻和家庭中的犯罪行为

第一节　恋爱中的犯罪行为

阅读材料

2013 年 8 月 13 日，吴堡县某宾馆发生了一起凶杀案，一女子在该宾馆被杀害。经调查，被害女子宋某不久前离婚，一直失业在家，后经人介绍与张某相识并确立了恋爱关系，交往一段时间后宋某不愿与张某继续下去，因而引发一场感情悲剧。当天两人在宾馆登记住宿后，张某趁宋某熟睡之际用斧头将其在宾馆床上砍击致死，张某的行为已构成故意杀人罪。

上述案例为典型的因求爱遭拒引起的凶杀案，案中张某因索爱不成将宋某杀死。近年来，类似的犯罪行为越来越多，作案手段层出不穷，凶残程度令人寒心。除了故意杀人外，因恋爱问题衍生的犯罪行为还有故意伤人、强奸、绑架以及侵犯财产等。

一、常见犯罪行为分析

1. 故意杀人

我国刑法规定的故意杀人罪，是指故意非法剥夺他人生命的行为，属于侵犯公民人身民主权利罪的一种，是中国刑法中少数性质最恶劣的犯罪行为之一。《中华人民共和国刑法》第二百三十二条规定：故意杀人的，处死刑、无期徒刑或者十年以上有期徒刑；情节较轻的，处三年以上十年以下有期徒刑。故意杀人罪是行为犯罪，只要行为人实施了故意杀人的行为，就构成故意杀人罪。恋爱纠纷中，故意杀人的行为屡见不鲜。当事人在遭遇恋爱纠纷之后，产生了极其强烈的挫折感、失落感、愤怒等消极情绪，杀人似乎成了一个解压点。

2. 故意伤害

2012 年 10 月，一名大四男生小峰因恋爱纠纷向女友小玲泼硫酸。小峰与小玲相恋多年，深爱小玲的他无法接受小玲突然提出的分手要求，期望能挽回两人的感情，但遭到小玲的拒绝和斥责。后来小峰在小玲的住处看到小玲和一位男青年十分亲昵地走在一起，这让深陷痛苦中的小峰受到了强烈的刺激，想要报复小玲。在小玲下班回家的路上，小峰拦住了她的去路，将硫酸泼到小玲的面部和手上，小玲的家人发现后立即报警并将小玲送往医院。当晚，小峰被警方当场抓获。

在这个案例中，恋爱关系中的一方提出分手，而另一方拒绝接受，求爱被拒绝的一方心生不忿，产生想要报复、惩治对方，并不以杀害为目的的行为，视为故意伤害。

在我国，刑法规定的故意伤害罪，是指非法伤害他人身体的行为。有些案件虽然客观上发生了被害人在遭受犯罪行为侵害后死亡的情况，但由于犯罪人主观上没有杀人的故意，只有故意伤害，所以法院最终以故意伤害罪给犯罪嫌疑人定罪判刑。

3. 强奸

在恋爱关系中，发生性行为并不少见，但是这必须出于双方自愿。我国刑法规定的强奸罪，是指违背妇女意志，以暴力、胁迫或者其他手段，强行与其发生性交或者奸淫不满 14 周岁的幼女的行为。而在两人的恋爱关系中，某些男性在女性不愿意的情况下，违背女性意志，以暴力、胁迫或者其他手段强行奸淫，不论他是否“爱”着对方，他在客体上侵犯了妇女的性的不可侵犯的权利，客观方面表现为以暴力、胁迫或者其他手段强行与妇女发生性关系，主观方面是以奸淫为目的的直接故意犯罪。

4. 绑架

在恋爱纠纷中，绑架行为并不少见。这里的绑架是具有与情感相关的目的，使用暴力、胁迫或者其他方法，绑架恋爱对象的行为。尤其是某些男性，当女方不同意其意见，或者断绝与其交往时，会非法拘禁女性或以其他方法非法剥夺对方人身自由，期望通过此方式与女性多接触、沟通，使女性回心转意，殊不知一时的偏激思想，用了不恰当的方式，同时伤害了他人与自己。

5. 侵犯财产权利

恋爱纠纷中也可能出现侵犯财产的犯罪行为。侵犯财产罪是指故意将公共财产或公民私有财产非法地据为己有，或者故意毁坏公私财物的行为。

2003 年，女大学生李某被检察机关以敲诈勒索罪提起公诉。李某为了挣大钱，摆脱贫困，充当“大款”张某的情妇。为了迅速将张某的钱财据为已有，李某伙同他人对张某进行敲诈勒索，忍无可忍的张某终于到公安局报案。

恋爱纠纷引起犯罪类型往往并不是单一的，例如在犯强奸罪的时候出现突发的情况，使犯罪动机发生了变化，犯罪行为演变为过失杀人。也有多种犯罪行为同时糅杂在同一案件中的情况。

2001 年，高中毕业后做网管的毕某认识了一位网名叫“沙子”的某高校大一女生，两人成为了网上恋人。2002 年春节前，沙子与毕某两次见面，而她的父母对自己女儿的“网恋”却毫不知情。后来沙子提出要与毕某分手，毕某心有不甘，对沙子的分手要求心怀怨恨，并把此事告诉给了好友唐某。

2002年5月，毕某在自己家中与沙子发生性关系后，唐某突然闯进来，强奸了沙子。随后，他们一起把沙子勒死，并向沙子的父母勒索118万元现金。

二、动机及成因分析

因恋爱纠纷问题引起的犯罪行为经常发生，到底是什么原因导致的呢？一般来说，恋爱纠纷的犯罪动机主要有五种：一是报复型，二是殉情型，三是摆脱纠缠型，四是挽留型，五是教训型。

1. 报复型动机

报复型动机，可以理解为恋爱纠纷当事人在遭遇恋爱纠纷之后，产生了极其强烈的挫折感、失落、愤怒、不满、不平衡等消极情绪，因而企图通过实施犯罪行为来发泄这些消极情绪的心理状态。

报复型动机是恋爱纠纷案中最常见的一种犯罪动机。主要有四种恋爱纠纷类型：分手纠纷、情敌纠纷、感情不忠和求爱遭拒。这四种恋爱纠纷中的每一种都有可能成为恋爱纠纷当事人产生报复型的犯罪动机。

在分手纠纷类案件中，不愿意分手的一方因为另一方执意分手而产生报复心理。在情敌纠纷类案件中，求爱失败的一方对成功追求到爱情的一方产生报复心理。在感情不忠类案件中，面对恋人的背叛，另一方自然会产生报复心理。在求爱遭拒类案件中，被拒绝的一方因为对方的无情拒绝而产生报复心理。

在故意杀人案、故意伤害案、强奸案、绑架案、敲诈勒索案、盗窃案等案件中，都出现过罪犯因报复型动机而实施犯罪的案例。

2. 殉情型动机

殉情型动机源于对恋爱对象的占有欲。在恋爱关系中常有一方希望恋人眼中只有自己，时刻跟自己在一起，想要独占自己喜爱的人，尤其是男生，当发生不如意的情况时会忍不住去猜疑，这类人自身就是敏感的，稍有不如意就会做出伤害恋人的行为。如一些男性非法拘禁女性或者以其他方法非法剥夺对方人身自由。更有甚者，恋爱关系中的一方执意想要分手而另一方不愿意分手，在面临着即将失去恋人的情况下，不愿意分手的一方就产生了先杀死恋人然后自杀的行为，也就是所谓的殉情行为。此类行为一般是由于错误的认知，认为恋爱对象是自己的附属品，自己一旦拥有过就不允许从手中失去，最后酿成了悲剧。

3. 摆脱纠缠型动机

摆脱纠缠型动机主要是逃避心理在作怪。在恋爱关系中，自己与对象发生矛盾和冲突时，不能自觉地解决矛盾和冲突，以一了百了的想法处理问题。当恋爱关系中的一方执意要和另一方分手，而另一方不仅不愿意分手，反而百般纠缠，因而导致想要分手的一方产生了用“快捷简单”方式解决问题，通过将其杀死而摆脱这种无理纠缠的犯罪动机。

4. 挽留型动机

挽留型动机，一般是指恋爱双方中的一方执意要分手而另一方不愿意分手，于是不愿意分手的一方产生了通过实施犯罪行为来达到挽留住对方的想法。一般是情敌纠纷案件中的一方产生的，通过杀死另一方从而得到爱情的幼稚想法。

2012 年发生了一起关于师生恋的案件。大致经过是一女生冷某参加了一个吉他培训班，给她上课的老师孟某已经结婚，但在她上大学后，孟某开始追求她，并且和她发生过性关系。后来，孟某的妻子知道了孟某和冷某的关系，便威胁冷某不要再和孟某联系。最终，冷某为了保住自己和孟某的恋情，便利用和孟某的妻子谈判的机会，想通过投毒、掐脖子等方法杀死孟某的妻子。

5. 教训型动机

在恋爱纠纷案中，教训型动机只发生在情敌纠纷案件里。这里的“教训”，往往是成功追求到恋人的一方对失败的一方实施的犯罪行为。比较典型的情况是前任男友继续纠缠以前的女友，而现任男友为了让前男友停止对其女友的纠缠，就想教训一下前男友。

从某种程度上来讲，教训型动机与情敌纠纷中的报复型动机存在着很大的相似性，特别是由这两种犯罪动机引发的犯罪案件的案发经过几乎一样，都是两个情敌在互相殴打，然后一方成为犯罪人，另一方成为被害人。不过，两者还是存在一些区别。比如，教训型动机的犯罪人是成功获得爱情的一方，被害人是求爱失败的一方；而情敌纠纷中的报复型动机的犯罪人是求爱失败的一方，被害人是成功获得爱情的一方。再者，教训型动机的目的主要是求爱失败的一方不要再继续骚扰自己的恋人，而情敌纠纷中的报复型动机则是发泄因求爱失败而产生的不满。在这五类犯罪动机中，除了教训型犯罪动机外，其余四种动机的犯罪人都因为恋爱纠纷而遭受了比较大的挫折。而教训型犯罪动机的犯罪人则是遇到了来自被害人的挑战，双方因为争夺女友而发生了激烈的争斗。

恋爱纠纷案件中的犯罪人之所以实施犯罪的内因在于，他们在人格社会化过程中存在着缺陷，也就是说，他们具有犯罪人格。当因恋爱纠纷而遭受到比较严重的挫折，或者因为遭遇情敌纠纷而和别人出现激烈争斗的时候，由于他们自我控制能力较差等人格上的缺陷，最终导致了犯罪行为的发生。

三、危害及心理问题

美国心理学家约翰·多拉德有一个关于挫折的观点：“挫折总会导致某种形式的攻击行为。”他认为，当一个人遇到挫折时，为了缓解内心的紧张，保持心理平衡，必然要通过攻击行为来发泄内心的不满。攻击行为的发生必须先有挫折。所谓挫折是根据某种愿望进行有目的的行为时，由于内部或外部障碍，欲求的满足受到阻碍，这种状态就是挫折。而攻击的发生强度与欲求不满的量成正比，挫折越大，攻击的强度也越大。

上述犯罪的发生，归根到底就是犯罪人在恋爱关系出现纠纷的时候，即遇到挫折的时候，为了维持心理平衡，被内驱力驱动去做出“攻击”行为的一个过程。

第二节　婚姻中的犯罪行为

婚姻是家庭的基石，也是透视社会问题的一个窗口。婚姻家庭关系是人类最普遍、最亲密、最美好的社会关系。每个独立的家庭都和社会有着千丝万缕的联系。家庭既是社会的组成部分，又是社会面貌的缩影。家庭的美满稳定与社会和谐、国运昌盛密切相关。婚姻本该是甜蜜的，违法、犯罪则是苦涩的。

一、常见犯罪行为分析

1. 婚内强奸

婚内强奸指的是婚姻关系存续期间，丈夫采用暴力、胁迫或者其他手段，违背妻子的意志，强行与妻子发生性关系的行为。目前，我国婚姻法并没有对婚内强奸做出规定。现阶段有关案例一般是以家庭暴力罪入刑的。

2. 重婚

李某与岳某是夫妻，俩人在民政局登记结婚。之后，李某在未与岳某离婚的情况下，又通过媒人介绍与刘某相识，后来对外公开以夫妻名义生活。在此期间，刘某在明知李某未离婚的情况下，仍同其对外以夫妻名义共同生活。后检察机关以重婚罪对李某和刘某提起公诉。在收到检察院起诉书的时候，刘某竟然一脸不解：“未离婚又与他人结婚算重婚，但我从未结过婚怎么也算重婚呀?”

重婚是指有配偶者与第三者建立夫妻关系的犯罪行为。有配偶的男女，在自己的配偶尚未死亡，或者还未与其配偶解除婚姻关系时，就与他人结婚，便构成了重婚。重婚也包括虽未登记却与他人以夫妻相待，同居生活在一起而形成的事实婚姻。

3. 故意伤害

故意伤害是指故意非法损害他人身体健康的行为。在婚姻关系中，“他人”仅仅指的是自己的配偶。

小冰与男友徐某结婚，婚后产下一女。在两年多的婚姻生活中，徐某经常因一些琐事对她进行殴打。最终，不堪“家暴”的妻子提出离婚，并追究徐某的刑事责任。

这里的故意伤害与第一章第一节提到的恋爱关系中的故意伤害是不一样的。很多时候，恋爱关系中的故意伤害的动机是“求而不得”的不甘心，是内心不正常的耻辱感在作祟；而婚姻中的故意伤害较多的是一方存在“唯我”与“挫折情绪的发泄”，会因为工作生活中不如意的琐事，而去伤害自己的配偶。可怕的是，很多时候当事人并没有意识到自己行为的恶劣性及严重性。

4. 婚姻诈骗

以婚姻为诱饵，来诈取他人的财物：犯罪人利用真实身份和证件进行合法登记结婚，以获得钱财或达到其他目的。目前较常见的是通过与拥有美国等发达国家国籍的人进行合法的婚姻登记，以求获得他国国籍。一旦获得国籍以后，就与配偶“离婚”。

二、动机及成因分析

1. 唯物质型动机

唯物质型动机犯罪是指为了满足衣、食、住、行等方面的物质需要，或者为了聚敛财富而引起的犯罪行为。随着社会物质水平提高和劳动产品分配方式的改变，以及社会文化、科技的发展，犯罪的起因、手段以及侵害的对象、犯罪者的心理状态都在不断地变化着。物质，仿佛变成了一种追求。结婚之前，如果你头脑中首先闪现的是诸如房子、戒指、婚宴、旅游等，那你的婚姻只不过是以爱之名的一场交易。最典型的例子就是婚姻诈骗。

2. 性欲型动机

性欲型动机犯罪是指以淫乐性动机作为主要犯罪动机，以满足性欲为目的或以性行为为手段达到其他目的的犯罪行为，是一种违背社会道德规范和法律规范、侵害他人性权利、妨碍家庭和社会秩序的犯罪。

3. 情绪型动机

情绪型动机犯罪是指以非生理变化为特征而以社会交往需要为基础的动机，多半呈现出强烈的情绪因素。许多犯罪行为都是在不良的情绪、情感的直接作用下发生的，是一种带有感情色彩的犯罪行为。一个人内心受到严重伤害导致其在一个较短的时间内，已经不能够控制自己对伤害自己的人实施报复的犯罪行为。这种行为在婚姻中时有出现，当控制不了自己的情绪，急切需要发泄的时候就会向身边的伴侣伸手。

4. 集合型动机

集合型动机犯罪是唯物质型犯罪动机、性欲型犯罪动机、情绪型犯罪动机等的复合或综合。它的产生及其心理、行为特征都十分复杂，往往以其中一种动机为主，其他动机为辅。这是一种动机重叠的现象，常常是某一个动机出现在前，别的动机追随其后，经过一定的组合后作为集合型动机推动犯罪行为的发生。

三、危害及心理问题

性欲型动机与情绪型动机是婚姻中较常见的犯罪动机。

性欲型动机犯罪行为的实施，一方面受主体心理、生理因素的影响，另一方面也受社会环境中的性观念的影响，主要表现在以下几个方面：

（1）诱发性犯罪的信息泛滥。在缺乏性科学知识教育的情况下，含有低级庸俗内容的性信息泛滥，很容易诱发一些人产生不良的性需要。

（2）性道德规范教育的薄弱。随着社会文化的发展，我国传统的性伦理、性观念，已经很不适应社会生活的实际需要，逐渐失去了对人们性行为的调节作用。新的能够普遍为人们所接受的现代社会性行为的道德观念还没有形成，从而造成性道德规范教育的缺失。

（3）性生活方面的障碍。

情绪型动机犯罪行为的心理特征具有偏激的认知特点。消极的情绪、情感品质不佳，异常的自尊心，较低的挫折承受力，这几种心理特征就是犯罪行为的导火线，形成盲目的、冲动的、戏谑性的、隐蔽性的拥有情绪特征的行为。在婚姻关系中，情绪型的犯罪占很大的比例。当今社会竞争非常激烈，节奏越来越快，而心理辅导工作跟不上，因此心理问题肯定越来越多。面对越来越大的压力，焦躁、抑郁、紧张、恐怖等消极情绪会越来越困扰人们。

第三节　家庭生活中的犯罪行为

随着家庭犯罪数量的逐年增加，家庭犯罪不能不被认真对待了。家庭犯罪是犯罪的一部分，它既有犯罪的共性，又有自身的特殊性。中国封建法律为巩固父权和夫权的统治，都规定对于父母殴打子女、丈夫殴打妻子的行为不予惩罚，造成死亡才予以轻微处罚。这种规定本质上是为了维护封建社会的等级统治。经过长期的封建文化的教化，人们的头脑里逐渐接受了父权和夫权的观念，从而导致我国传统文化对于家庭成员人权的漠视。

过去：从“有法”变“无法”

现在：从“无法”变“有法”

一、常见犯罪行为分析

1. 遗弃

遗弃，是指负有扶养义务的人，对年老、年幼、患病或者其他没有独立生活能力的人拒绝扶养。情节恶劣的，处五年以下有期徒刑、拘役或者管制。

18 岁的黄某认识已婚男子梁某后，两人开始同居。两年后，黄某怀孕，因担心孩子跟着梁某没有好结果，便上网以送养的名义发帖寻找买主。婴儿出生后，黄某以将孩子送到亲戚家帮忙抚养为由，将孩子抱走，卖给网上认识的夏某，以 3.3 万元的价格成交。过了十多天，黄某开始思念儿子，产生买个婴儿换回儿子的想法。黄某花 14 300 元从赵某手中买到一个女婴后，联系夏某想换回儿子，但始终联系不上对方。后来黄某终于死心，又在网上发帖，以 15 600 元的价格将女婴卖给吴某夫妇。一时的恶念发展成为几个家庭之间的“糟心事”，把婴儿当作货品进行买卖，置道德人伦于何地？

2. 虐待

家庭成员间的虐待，是指用打骂、冻饿、有病不给治疗等方法摧残、折磨家庭成员，使他们在肉体上、精神上遭受痛苦的行为。虐待家庭成员，不仅破坏了家庭的和睦生活，还违背了社会主义道德准则。

2015 年某日，在郑州一小区门口，一对男女扭打在一起，女子片刻即被打倒在地，男子右手一根手指受伤流血，在道台上还有两个小孩不停地啜泣。女子的家人听到消息后赶到现场，其母称，女儿婚后长期遭遇家暴，这次可能是男方打得太狠了，女儿情急之下才做出冲动行为。最后民警在对双方进行了长时间的批评和劝解后，将女子交由其父母带走。

虐待家庭成员，情节恶劣的，即构成虐待罪，要受刑法制裁。在这个家庭中，两个小孩虽然没有受到肉体上的摧残，但是家长的行为足以在其年幼的心灵留下创伤。《婚姻法》规定：“禁止家庭暴力。禁止家庭成员间的虐待和遗弃。”建立和维护平等、和睦、文明的婚姻家庭关系，就必须禁止家庭成员间的虐待和遗弃，禁止一切形式的家庭暴力。

3. 强奸幼女

13岁女童小宇因被人强奸而怀孕，她的家人到当地妇联求助。5月中旬时，家人发现小宇怀孕六个多月的事实，小宇道出原委：原来是大半年前邻居周某，强行拖小宇到附近废弃房屋强奸了她。此后小宇还多次被周某奸污，因惧怕报复她始终不敢告诉家人。7月份小宇顺产生下一男婴后不久，警方将周某抓获归案。然而经DNA鉴定，孩子与周某并不是亲生父子关系，作案的另有其人。通过调查和DNA鉴定，原来男婴生父为柯某。柯某是小宇的远房亲戚，多次叫小宇出外实施奸淫并恐吓。最终，当地法院作出判决，柯某被判处有期徒刑12年，剥夺政治权利3年。周某被判处有期徒刑9年。

幼女在智力发育和生殖器官发育方面都处于不成熟的状态，对于性交的性质、后果缺乏辨认能力，身体对性交也缺乏承受力。正是基于幼女的生理、心理和智力发育状况的特点，刑法规定只要明知是幼女而与之发生性交行为的，就构成奸淫幼女罪，而不论幼女是否同意，行为人是否采用了暴力、胁迫或其他手段。

二、动机及成因分析

1. 亲情淡漠

按照社会交换理论所认为的，人是具有理性的，并且人与人之间的互动遵循互惠原则。大多数情况下，人们总是会倾向以付出最小的代价来获得最大利润和最好的结果。很不幸的是，有些人认为经济交换才是最永恒的，把亲情不当作一回事。对自己的至亲也要计算着如何相处，不拿出自己的真心，以致毫无心理负担地做出鬼迷心窍、丧心病狂的举动。遗弃年老病残的长辈，抛弃体弱的幼儿，虐待家庭中成为自己发泄对象的成员。

2. 挫折转移

挫折是指人们在争取成功或实现理想过程中的失利、失败。一般而言，挫折是指个体在从事有目的的活动过程中，因客观或主观的原因而受到阻碍或干扰，动机不能实现，需要不能满足时的情绪体验。挫折产生的机制有各种假说，如挫折—倒退假说、挫折—攻击假说、挫折—固执假说等。挫折可以导致不同的行为反应。既可以是理性行为，如改变策略、降低要求、找借口以自我安慰等；也可能是非理性行为，如采取威胁、敌视、暴力等行为加以发泄等，甚至会通过自我防御而导致种种身心疾病。多拉德和米勒认为攻击行为必然是挫折的结果。在现实生活中可以找到不少这样的例子，如男人在单位受气后回家责打妻儿。

三、危害及心理问题

从心理学的角度来讲，挫折容易使人心灰意冷、情绪低落，长时间内难以找回自信。美国心理学家亚当斯提出挫折理论，主要揭示人的动机行为受阻而未能满足需要时的心理状态，以及由此导致的行为表现，力求采取措施将消极性行为转化为积极性、建设性行为。在多数情况下，人面对挫折会感到困扰、不适应，体验到痛苦的折磨。

犯罪对社会的危害也是极其巨大的。虽是隐形的、非物质的，但对公众安全心理的伤害，对社会稳定和工作、学习、生活等正常秩序的破坏都是无法计算的。会促成人们“不安全”的恐惧心理，不敢夜间出行，不敢在人少的地方活动，极大地影响公民的正常工作、学习和生活，还破坏了社会的人际关系、道德观念、文化传统。

应从心理学的视角来考虑，综合处理，以促进恋爱健康发展、家庭成员和谐相处，避免或者减少恋爱违法犯罪行为以及婚姻家庭中的违法犯罪行为。

1. 基于积极心理学视角来认识爱情

从乐观型解释出发，提倡对恋爱中产生的问题做出积极的解释，并使其从个体或社会中获得积极的意义和力量。任何一种情感都应该是一种“给予”，而不是“拥有”，爱情也一样。它应该将其内在的具有生命力的东西作为一种财富给予别人。这份“给予”主要以快乐、兴趣、知识、理解、幽默以及情感之类的东西为主，把自己身上一切具有生命力和活力的东西具体化。通过爱的给予最终达到互爱，这是巨大的个人幸福。它不仅表现在一个人从生活中获得欢乐，而且表现在愿把欢乐献给心爱的人。爱对方，意味着带给对方欢乐，而不是向对方索取。

2. 突破社会习俗心理，学会认识“你”的对象

在中国社会，两千多年来的封建思想至今依然在大部分人的脑海中。在刑事案例中，尤其关于婚姻家庭方面的，犯罪人总是意识不到自己为什么就被定罪，为什么打伴侣或家人就是违法。在古代，为了维护封建社会的统治，封建统治阶级非常重视“礼”的作用，从而引礼入法，礼法融合。汉代的董仲舒从专制主义的中央集权出发，将孔子的理论阐发为“三纲”学说，即“君为臣纲，父为子纲，夫为妻纲”。很显然，这一套为封建守制服务的伦理于现今社会已经不适用。因此，我们在思考自身的社会定位时，也应该看清楚和想明白我们的对象（爱人、伴侣、家人）的“性质”问题，突破传统社会习俗心理，避免伦理惨剧的发生。

3. 基于人本主义心理学视角来认识、对待女性

女性也是独立自主的人，有权在世界上占有一方之地生活的人，重视她，尊重她，允许她做她自己，有她自己的感受、想法、情趣和行为，不要把自己的好恶、价值标准强加在她身上。妇女是生命的体现者，她们对人类的未来怀有最高尚的道德感。因此，她们的爱产生新的生命，她们的美较之男人的美更多地充满人道主义的高尚精神。尊重妇女，就是尊重生命。

4. 培养积极人格

人的积极力量不仅仅包括某些人格特征，还包括人在正确的时间里，能正确地运用自己的各种资源和技能，来实现自己的目标或解决所面临苦难的能力。简单地说，人的积极力量是一种为了得到良好的结果而灵活地进行自我调节的能力。有了这种积极人格，对于与“对象”相处事件的解释，就容易从乐观型解释风格出发，对问题做出积极的解释，并使其从个体或社会中获得积极的意义和力量，避免或减少违法犯罪行为的发生。

第二章

恋爱问题心理辅导

第一节 分离焦虑

阅读材料

郑某在入狱前与女友关系很好，入狱后，本来女友表示愿意等他，但渐渐地女友不再到监狱里探望郑某，双方也失去了书信联系。郑某后来被姐姐告知其女友回了自己老家，一时无法出来。郑某变得焦虑不安，担心女友离开自己不再回来，情绪十分低落。郑某不想做任何事情，并开始责怪自己，觉得自己在狱中无法照顾女友，觉得自己配不上女友，才导致了女友的离开。他晚上失眠，白天无法专心劳动，甚至在劳动期间试图用工具伤害自己。与伴侣分离是导致服刑人员产生焦虑情绪的重要原因之一，严重者会以伤害自己的方式来减轻焦虑感和自卑感，有的甚至失去了求生的意志，希望以死亡解决痛苦。

一、问题与成因

分离焦虑是指个体与其依恋对象分离或与家庭分离所产生的过度焦虑和发展性不适。对于处在恋爱期的服刑人员来说，恋爱关系尚未稳固，一方面面临与恋人分开的思念和不安，另一方面存在着对恋爱关系破裂的恐惧和疑虑。轻度的分离焦虑在一定程度上可以激发服刑人员发奋改造，赢得减刑，提前出狱，具有一定的积极意义。但过度焦虑所伴随的坐立不安、精神恍惚、情绪抑郁等复杂情感，则会严重影响服刑人员的日常行为和发展。

服刑人员在监狱里的日常事务就是在干警监管下进行劳动，做的都是体力活，基本上没有什么要思考的事情。因此，服刑人员就会把注意力集中在女友、家人的身上，从而产生很强的焦虑感。由于过度焦虑、精神紧张而无法放松，有的服刑人员往往几日几夜睡不着觉，或者晚上做噩梦。睡眠质量非常低，白天精神疲惫、情绪低落，常有悲观的想法。日常活动减少，与别人交流也会减少。因此服刑人员总是在自己的内心世界里想着不好的事情，缺少与外界的交流，焦虑指数自然会越来越高，由此造成恶性循环。

二、表现与评估

1. 心理表现

当服刑人员处于分离焦虑的情绪状态时，会出现紧张恐惧、坐立不安、注意力集中困难、记忆力减退、缺乏自信、容易激怒等。因为服刑人员处于狱中，他们对于自己的感情状况会有一种无力感，担心出现感情破裂，更容易表现出悲观失望，感到生活没有追求，头脑一片空白。

2. 行为表现

伴随焦虑不安的心理症状的同时，服刑人员还会有睡眠障碍、做事不认真、容易攻击、自伤自残等行为表现。在工作中会发呆想事情，也有些服刑人员会以卖力工作来暂缓事件带来的痛苦体验。

3. 心理评估量表

可以采用焦虑自评量表（SAS）、贝克焦虑量表（BAI）、汉密顿焦虑量表（HAMA）等来评定服刑人员广泛性的焦虑等级，也可采用状态—特质焦虑问卷（STAI）来判断服刑人员是基于人格特质的易焦虑类型还是针对当前两性关系的状态焦虑。对于焦虑可能伴随抑郁情绪的个体，还可采用Beck抑郁问卷（BDI）、抑郁自评量表（SDS）和抑郁状态问卷（DSI）等来对其抑郁情况进行判断和排查，从而有针对性地进行辅导和帮助。量表问卷详见本书附录。

三、辅导方法

（一）长期目标

（1）服刑人员的生活工作调整到正轨，重拾信心。

（2）缓解和消除分离带来的焦虑情绪。

（3）调整思维方式，培养合理的应对方式。

（二）短期目标及干预措施

1. 目标A：帮助服刑人员缓解焦虑情绪，让他们能够宣泄情绪

干预措施：

（1）首先需要通过倾听、理解、共情与服刑人员建立良好的咨询关系。鼓励并引导服刑人员说出担心失恋这一件事，使压抑的情绪得以抒发。

（2）给予服刑人员一些缓解情绪的指导性技术。指导服刑人员通过书写、记录的方式进行发泄，可以在每一次有焦虑情绪的时候便记下自己的内心想法，也可以定期记录。例如每天写一篇日记，让自己的负面情绪有一个宣泄的出口。

（3）鼓励服刑人员在治疗室或其他无人的地方大哭一场，或与其他狱友一起参加体育锻炼，释放负面情绪。

2. 目标B：学习放松减压技术，提高睡眠质量

干预措施：

（1）教授服刑人员掌握积极意象放松、肌肉放松和深呼吸等放松方法，并要求其每天练习2～3次。每次复查时，检查放松训练的情况，尤其重点检查是否获得了肌肉放松后的温暖、沉重不能自主控制运动的感觉。具体操作方法：肌肉放松训练需要找一个安静的场所，摘下眼镜。采取坐、卧等任意

舒服的姿势都可以，头背要有物件支撑，如仰卧姿势，腿伸直，手臂放在身旁，手掌向下。服刑人员学习各肌肉群的放松要领。肌肉放松的顺序按肌肉群分步进行，大致按右手、左手、手臂、双肩、前额、眼睛、舌、嘴唇、颈部、腰背、胸部、腹部肌群、双大腿肌群的顺序进行练习。对每一组肌群，先引导他感觉紧张，持续5秒，再感觉放松；从紧张到放松的过渡要快速，对比的感觉会更加明显；每一组肌群紧张与放松要做两遍。练习结束之后，要引导服刑人员认真总结和体验紧张与放松的感觉。一般来说，放松的感觉有温暖、沉重、飘浮等，但也有些人会睡着，或笑或谈话过多。每天要坚持练习肌肉放松两次，每次10分钟。练习越多，服刑人员就越能控制自己的紧张和焦虑。

（2）教授自我催眠疗法。催眠词可以是："我想睡觉了，我会睡得很好，睡得很熟、很香、很甜。当明天早上7点钟起床时，我将会精神抖擞，充满活力。现在我将从楼梯上慢慢走下去睡觉，每下一级楼梯，我就更接近睡眠的状况，等我走到20级的地面时，我就会自然而然地睡着了。"通过催眠，提高当事人的睡眠质量，缓解焦虑情绪。

3. 目标C：转移服刑人员的注意力，使其不过多地将注意力放在恋爱关系上

干预措施：

（1）推荐服刑人员阅读一些励志性的书籍，如《钢铁是怎样炼成的》《阿甘正传》等励志启发性小说。与服刑人员探讨分析里面的人物形象，例如，总结保尔·柯察金的优点、缺点，引导服刑人员对保尔做评价，并将自己与保尔对比，找出自己需要向他学习的地方。以此来转移服刑人员的注意力，并学习人物积极的品质。

（2）对于文化程度比较低或对阅读不感兴趣的服刑人员，可以鼓励他们种植花草，用心打理，努力让自己的花草茁壮成长。每天观察并记录它们的变化，看着它们成长，感受时间的流逝。

（3）鼓励服刑人员树立定期参与体育运动的目标。若服刑人员因情绪影响不愿与其他人交流或者不愿做任何事情，则可以先从小目标做起。例如可以从每周一次体育锻炼开始，鼓励服刑人员完成，往后次数逐渐增多。当其完成目标时，给予肯定或者指导服刑人员奖励自己；当没有完成目标，则指导其给自己惩罚。以此来帮助服刑人员从悲伤的情绪中抽身出来，积极融入狱友群体，找到其他的社会支持系统。

4. 目标D：激发服刑人员的积极情绪，提高自信心

干预措施：

（1）将一张白纸对折后，要求服刑人员在纸的左边写下自己的优点，在纸的右边写下自己的缺点，然后与服刑人员讨论这些自我描述，以此让其将

关注点放在自己身上。另外，监狱中的服刑人员容易失去自信，导致分离的焦虑。他们会把自己的许多特点归纳为缺点，所以，讨论这些优点和缺点时，让服刑人员客观地认识自己，并且针对这些缺点，鼓励他们去改正，调动他们生活的积极性。

（2）鼓励服刑人员进行积极的自我暗示，提高自信心。学会勘定自己的内心语言，理清自己的情绪。例如，鼓励服刑人员在遇到困难的时候默默跟自己说“我可以的，我一定行”，发挥他们潜意识中的能量。当他们因焦虑而脑子空白，可以让他们在咨询室中写下自己此时此刻的所想，或者每天睡觉前回忆自己当天干了什么，自己今天心情怎样，鼓励自己迎接明天的到来。

（3）把生活秩序重新建立起来。让自己的心灵也能重新有秩序，改变杂乱的心理状态，重拾对生活的信心。

5. 目标E：为服刑人员提供维持感情的渠道，坚定其对感情的信心

干预措施：

（1）联系服刑人员的伴侣，说明服刑人员的焦虑情况。在监狱中，服刑人员容易多疑多虑，一些很正常的小事情都可能被他们误解，因而对恋爱关系没有信心。这时候可以让伴侣出面，消除误解，如果有条件，则约两人面谈，如此便可消除服刑人员内心的疑虑与不安。如果在联系过程中发现两人的感情确实有破裂的痕迹或者已经破裂时，则需要参照本章第二节“爱情变故”心理辅导方案。

（2）如果服刑人员与家人关系和谐，则鼓励其家人关心伴侣，可给伴侣寄送一些钱物，跟伴侣保持联系，了解伴侣的动态。

（3）将思念之情诉诸书信。平时也可为伴侣做一些小手工，寄给伴侣，表达心意。

6. 目标F：帮助服刑人员培养全面的爱情观

干预措施：

（1）推荐阅读对服刑人员有一定启发性的健康的爱情书籍，例如《飘》《人生若只如初见》《霍乱时期的爱情》等。给他们列举一些积极向上的例子，让他们看看其他人的爱情，换一个角度来审视自己的爱情，帮助他们认清自己的感情并升华爱情观。

（2）鼓励服刑人员预想感情破裂的结果。可以将一张白纸对折后，写下这一段感情的好处和坏处，同时写下分手的好处和坏处，以及分手之后自己的计划与未分手的计划。通过这个方法让服刑人员对分手有准备，也让服刑人员理清自己的感情关系，重新面对自己的伴侣。这个方法适合于服刑人员的感情已到边缘的情况，其他情况可酌情使用。

（3）开展与爱情相关的团体拓展活动。让服刑人员去中心化，了解别人的爱情，增加自己看待爱情的角度，让自己的爱情观更全面。拓展主题可以

是“值得珍惜的爱”“怎么对她好”等。表3－1介绍的是“值得珍惜的爱”的团体拓展流程。

表3－1　“值得珍惜的爱”的团体拓展流程

主题	值得珍惜的爱
对象	从行为、心理、量表评估，正处于分离焦虑状态的心理正常的服刑人员（10~15人）
开始环节	宣布保密原则，团体内签订契约：团体成员说的每一句话、每一件事情都不能向外界透露
破冰游戏	面对面介绍： 将所有人排成两个同心圆，随着歌声同心圆转动，歌声一停，面对面的两人要相互自我介绍 注意事项： （1）排成相对的两个同心圆，边唱边转，内外圈的旋转方向相反 （2）歌声告一段落时停止转动，面对面的人彼此握手寒暄并相互自我介绍。歌声再起时，游戏继续进行
观看爱情电影	破冰后，以一爱情电影片段引入主题
爱情是什么	引导语：今天我们的主题是爱情，大家谈谈在各自心目中，爱情是什么样的？（这里引导服刑人员说出自己与伴侣的相识相爱，让他们知道“我的爱情是这样的”，当然不强求每个人都说，如果不愿意说的则尊重其选择）
爱情各不同	引导语：可以看出每个人的爱情都不一样，你们所了解的爱情还会有什么样子的呢？（引导成员们发表见解，共享信息和资源，明白世界上的爱情各有不同）
观看反面的爱情电影片段	选择一部反面的教材，例如《如果爱情是逢场作戏》，引起犯人反思。爱情中可能会存在一些我们不能接受的负面目的，我们要学会甄别
值得珍惜的爱	引导语：既然爱情各有不同，你们觉得什么样的爱情是值得珍惜的呢？请大家思考两分钟（播放音乐）
我们会珍惜	引导语：可能有人不懂得该怎么对伴侣好，觉得自己不懂得伴侣的心思，似乎留不住伴侣了。但是你们当中肯定也有人跟伴侣关系融洽，深得伴侣的芳心，我们可以相互借鉴一下，相互学习。在你们看来，该怎么样珍惜一段感情呢？怎么样对伴侣好呢
总结升华	不是所有爱情都是真爱情，我们要认识自己的感情。值得珍惜的要好好珍惜，而目的不纯的爱情我们是否可以摈弃

（三）效果评估

1. 自我评价

自觉焦虑情绪得到缓解，睡眠障碍得到缓解。生活信心增强，改造欲望增强。

2. 干警评价

当事人愿意与人交往，能够完成规定工作量，表现得开朗乐观，改造意愿增强。

第二节　爱情变故

阅读材料

何某在入狱前和女友感情非常好，在入狱后，女友突然离开并失去联络。后来被家人告知其女友已经和他分手并和其他人在一起，何某受到了严重打击，非常伤心难过，情绪变得很低落，不爱与别人交往，也不想与别人说话。晚上失眠，白天一直埋头苦干、拼命工作，希望以工作来麻醉自己，这种情况持续了七八个月。据他自述，在前两三个月比较严重，有强烈的自卑感，认为女友嫌弃自己坐牢，并曾经用劳动工具自残。后来虽有缓解，但还是很难过，把所有痛苦压抑在自己的心里。类似女友忽然断绝联系、女友提出分手等情况都会让服刑人员觉得忽然失去关爱，有种被遗弃感，会难过自责、自怨自艾，甚至产生抑郁症。有的对女友感到失望，甚至产生一种憎恨的感情，情绪变得暴躁易怒，稳定性较低，容易与其他服刑人员发生争执。而女友去世对于服刑人员来说更是一种巨大的打击，会让服刑人员觉得因为在监狱里改造而没能照顾女友，由此感到内疚自责，痛不欲生，甚至发生一些自残的行为。

一、问题与成因

当爱情发生变故时，服刑人员的情绪表现为低落、沉默、难过、悲伤。晚上失眠，或入睡不深，容易头痛，满脑子都在想这件事。有的服刑人员会因为自己入狱了，为女朋友带来负担，或者让女朋友没面子，而主动提出分手，但分手后又失落难过，整天埋头苦干，拼命工作，不想理会外界的一切。大部分服刑人员要经过一段较长时间的过渡期之后，才能投入正常的工作和生活。

面对高离婚率的今天，很多人对婚姻的忠诚度都不禁产生了怀疑，更何况只是暂处于恋爱阶段的个体。一般来说，爱情变故主要是恋爱关系的一方提出分手导致恋爱关系解体。对于服刑人员来说，其所犯罪行产生的各种不良影响可能是导致恋爱关系解体的直接影响因素之一，其次，长期身处监狱与恋人分离也是导致第三者乘虚而入的主要原因。在牢狱之苦和失恋的双重打击之下，服刑人员可能出现一系列负面情绪体验和相关心理症状。

二、表现与评估

1. 心理表现

服刑人员遭遇爱情变故的表现与分离焦虑的表现有很大程度的类似性。与恋人配偶感情破裂，服刑人员产生更多的消极情绪。通常会感到抑郁、失落、注意力难以集中、记忆力减退、缺乏自信、容易被激怒，集中表现为悲观失望，对生活没有信心，没有矫治动力。

2. 行为表现

遭遇爱情变故的服刑人员通常表现为他们会在某段时间突然地反常，与其沟通时会感受到其特别烦躁的情绪，容易激怒，也可能会不想与人沟通，工作热情下降，自伤自残，出现睡眠障碍等。

3. 心理评估量表

可以采用生活事件量表（LES）来判断各类生活事件尤其婚恋方面是否对服刑人员有精神上的影响（体验为紧张、压力、苦恼等），而服刑人员对爱情变故可能持有的态度和行为反应可以根据特质应对方式问卷的分析与预测，从而对其不良行为进行预防和矫正。此外，针对具体情绪类型如抑郁和焦虑等可通过该类问卷测得和评定。具体方法前文已有提及，在此不做赘述，详细量表和评估方法参见本书附录。

三、辅导方法

（一）长期目标

（1）学会宣泄自己的情绪，面对事情的时候能够学会运用正确的应对方法。

（2）缓解失恋带来的焦虑和抑郁情绪，培养服刑人员面对生活的信心。

（3）培养自己的社会支持系统，学会处理与狱友之间的关系。

（4）培养合理的行为和思考方式。

（二）短期目标及干预措施

1. 目标 A：提供紧急心理援助和陪护，解除自杀危机

干预措施：

（1）态度亲切、温暖、共情，与服刑人员建立良好的信任关系，耐心倾听服刑人员述说的故事。对其遭受的挫折和失败表示关怀，对服刑人员的自

杀行为及其相关的情感表示理解，尤其要关注的是服刑人员此时的感受和心情，而不是他的行为，不要对服刑人员进行说教，不要否认和批评，而要给予温暖的精神支持。

（2）通过沟通和交谈，了解引发服刑人员自杀行为的事件和相关人物，如家庭冲突、失恋等。

（3）了解服刑人员应对这些应激源时的认知、情绪和行为，如孤独感、焦虑感、自我厌恶感、憎恨感等。

（4）对于有自杀倾向的服刑人员，应了解他是如何处理焦虑、紧张和抑郁等情绪问题的。服刑人员对曾经的处理方式是否已经习惯化，以前采用这些方式的结果是什么，目前生活变化是否妨碍习惯化处理方式。

（5）通过谈话，确认其自知力是否完整，思维是否存在障碍，有无幻觉、幻听等精神症状，是否有接受过精神病学方面的评估和抗精神病药物治疗，若发现类似症状，应及时转介精神科治疗。

（6）鼓励服刑人员坦率诚实地暴露自己自杀的意念和想法，是否有再次自杀的意念和计划；了解出现的频率和自杀的计划，是否确定了自杀的时间和地点，是否写下了遗嘱，是否将自己心爱的东西送给了他人。找出服刑人员自杀行为的意图，其真正面临什么样的难题，有哪些无法解决的问题使其认为只能用自杀的方式来解决。

（7）鼓励服刑人员讲述对人生、对自杀问题的看法，探讨服刑人员痛苦的情绪和绝望的根源。鼓励服刑人员表达与自杀观念有关的情感，以及对这些情感产生原因的领悟，帮助服刑人员意识到哪些生活因素是导致自杀意念开始出现的前兆。

（8）查找将阻碍服刑人员实施自杀计划的因素，比如害怕给其他人造成情感上的伤害、宗教信仰因素、担心受到社会歧视等。

（9）与服刑人员一起寻找目前生活中积极的、可以带来希望的东西，回顾他/她已经取得的成绩，哪些人给予过其关心或爱护。

（10）组织服刑人员开展转移注意力、提高生活的信心的团体活动，流程如表 3－2 所示。

表 3－2　以“明天，你好”为主题的团体活动流程

主题	明天，你好
对象	近期经历了爱情变故的服刑人员，10～15 人（注意：挑选成员时需要在其中安插一些积极乐观的服刑人员，以带动团体的成长）

（续上表）

目的	监狱中的生活比较单调，在里面许多负面情绪都会被放大，爱情变故中的服刑人员更是如此。他们容易陷入深度的自责、焦虑和绝望之中。通过这个团体活动，将服刑人员的注意力转移至其他事物上。去中心化，并通过团体间的相互理解、共情，缓解服刑人员的负面情绪，找到新的社会支持。同时发现生活中的正能量，重拾生活的信心。引导服刑人员对健康的人生观、爱情观的领悟和认识
开始环节	宣布保密原则，成员相互协商小组规则
成员介绍	每个成员给自己起一个小组代号，在小组中以代号相称
破冰游戏：印第安人爆炸 目的：让成员彼此熟悉，减轻心理防御	所有人围成一圈坐着，大家先自我介绍名字，一起使用“拍掌、拍脚、举左手拇指、举右手拇指”的四拍动作，由一个人发起，在第三、四拍喊出其中一人的名字，被叫到的人，同样在下一个三、四拍中喊出其中一人的名字。如果拍子不对，或喊不出别人的名字，就要施予“爱的火山”，大家围在他的身旁，在背上一起给予按摩，同声喊“boom”
情感体验：生命中最重要的3个人 目的：转移成员注意力而不至于将情绪情感聚焦于爱情变故中。让成员体验失去与珍惜的感觉，审视自己当下的状态，唤起生活的信心	（1）拓展师设定情景：假设我们的地球正经历灾难，现在你手上拥有10张能够把其他东西带到安全地方的船票，你会把谁带走？请在白纸上写下10个除你以外的人或物 （2）因为船票告急，目前你只有9张船票，需要抛弃原来的10个人或物中的一个，请用笔把需要舍弃的东西涂黑划掉 （3）以此类推，从10个划剩最后的3个 （4）引导成员描述自己的感受
引导：珍惜与失去	我们可以看到，在上一轮的环节中，有人把亲人留到最后，有人把爱人留到最后，有人宁愿希望牺牲自己去保留那些生命中重要的人。虽然今天的这个情景是虚拟的，但是情感是真实的。人生中我们会经历许多的失去，失去爱人是其中的一个。这就是今天我们的主题，当这样的事情真实摆在眼前的时候，我们会怎么处理呢首先通过刚才的体验，相信大家都清楚，生命中除了爱情还有其他对自己很重要的事情，失去爱人固然是痛苦的，但那并不是生活的全部，还有其他很重要的人或物需要自己去珍惜

（续上表）

团体游戏：你快乐，我快乐 目的：通过这个游戏，缓解成员们上一个环节被唤起或加重的痛苦体验	（1）拓展师让所有成员围成一个圆圈 （2）后一位成员打在前一位成员的双肩上 （3）拓展师告诉学员：我们要做一个“你快乐，我快乐”的游戏。只要你认真做，保证能得到舒适体验。所有成员都需要随着拓展师的指令做相应的肢体动作。在做动作过程中队伍不能散开 （4）拓展师开始宣布指令：你快乐，我快乐，揉揉你的肩，一下、两下、三下；捶捶你的背，一下、两下、三下；大家跑起来，跑起来。你快乐，我快乐，揉揉你的腰，一下、两下、三下，捶捶你的腿，一下、两下、三下；你快乐，我快乐
引导：让她快乐	衔接上一个游戏环节，善良的爱情：心中有他人，只要对方过得好，就让她以她的方式幸福吧，就像上一个游戏，别人快乐了，自己也能得到快乐，在现实面前，成全或许是最好的结局，让别人快乐，自己快乐
游戏：解手链 目的：通过游戏与引导将整个团体上升到人生的层次	（1）拓展师让成员圈着站成一个向心圆 （2）拓展师主持：先举起你的右手，握住对面成员的手，再举起你的左手，握住另外一个人的手；现在你们面对一个错综复杂的问题，在不松开的情况下，想办法把这张乱网解开 （3）告诉大家一定可以解开。如果实在解不开，拓展师可允许成员决定相邻两只手分开一次，但再次进行时必须马上封闭 （4）相关讨论：你在开始时的感觉怎样，是否思路很混乱。当解开了一点以后，你的想法是否发生变化？最后问题得到了解决，你是不是很开心？在这个过程中，你学到了什么？你有没有发挥自己的聪明才智
总结：人生没有解不开的结	衔接上一个解手链的环节。总结可分三点内容进行： （1）我们会遇到很多问题，可能刚开始会杂乱无章，但是给自己一点时间，事情总会解决的 （2）相信自己，人生没有解不开的结，给自己一点信心，只要跨过这个坎，明天就一定会更美好 （3）每个人都有自己的价值，要珍惜自己的价值，并创造价值

2. 目标B：与当事人建立良好的信任关系，为其提供能量

干预措施：

（1）建立信任关系的一个方法是自我暴露。可以适当向服刑人员分享自己遇到的挫折经历，描述自己当时的情绪、情感以及应对方法，减轻服刑人员的心理防御，让服刑人员感觉到周围环境的安全。

（2）认真倾听服刑人员的诉说。可以适当运用“嗯”“噢”来对服刑人员的诉说做回应，表示自己在倾听，让服刑人员有一种宣泄和被关注的感受。

（3）寻找服刑人员的积极变化。例如，今天笑容比昨天灿烂，或者今天的精神比昨天要好了等，以此来唤起服刑人员对自己的关注，提供支持。

（4）通过谈话了解其除了伴侣之外的最亲密的人，取得其同意之后，帮助约谈，为服刑人员提供情感支持。

3. 目标C：通过认知法、情绪法、放松法解决睡眠障碍问题

干预措施：

（1）帮助服刑人员认识睡眠的生理知识，认识消除睡前焦虑情绪的重要性，教授服刑人员学习肌肉放松等减压技术，解决睡眠障碍问题。

（2）教授服刑人员掌握冥想训练、积极意象放松、肌肉放松和深呼吸放松方法，并要求其每天练习2~3次。每次复查时，检查放松训练的情况，尤其是重点检查是否获得了肌肉放松后的温暖、沉重不能自主控制运动的感觉。

冥想的要点是“此时此刻与你的体验、感受、思维同在”，即将自己看成是能够进行超脱的自我监督者。假如来访的服刑人员为某种思想、情感、感觉、知觉、声音、疼痛或不适感所占据，就指导服刑人员将注意力集中在呼吸的感觉上，让分心的事自然消散。亦可用一个物体、单词、短语，或一个意向、一段祈祷语来使自己的精神集中于冥想。对外界偶尔的干扰或引起分心的事情采取被动放松、不抵抗、不抱怨的态度。对冥想中的各种体验不批判，不做好或坏、是健康还是不健康等批判性思考。让意识跟着此时此刻的感觉走，服从和信任自己的身体和感觉，以开放的态度，接纳此时此刻分分秒秒发生的事情，不停留。

冥想结束后，先在原地静坐一会儿，然后伸展肢体，睁开眼睛。坚持每天练习1~2次，每次10~20分钟，开始时服刑人员可能并不喜欢冥想，但只要坚持练习，就会有意外的收获。

（3）帮助服刑人员意识到将自己的注意力转移到睡眠之外，专注于工作、学习和其他事物的积极意义。运用森田疗法，鼓励服刑人员在现实生活中劳心劳力，将注意力向外投射，不再纠结于有关睡眠的问题。

（4）教授“矛盾取向法”。如果这件事严重影响服刑人员的睡眠，建议服刑人员对自己暗暗地说“我不想睡，要保持清醒状况”，并用力睁开眼睛朝脑后方天花板看，即达到眼朝上方翻，诱发眼睛出现疲乏困倦的效果，常常

可以收到意想不到的催眠效果。

（5）教授自我催眠疗法。催眠词可以是："我想睡觉了，我会睡得很好，睡得很熟、很香、很甜。当明天早上7点钟起床时，我将会精神抖擞，充满活力。现在我将从楼梯上慢慢走下去睡觉，每下一级楼梯，我就更接近睡眠的状况，等我走到20级的地面时，我就会自然而然地睡着了。"

（6）坚持工余阅读。阅读内容可以是适合自己兴趣的有益心智和幽默的文学作品，充实自己的精神生活，减少对睡眠问题的过度关注。

（7）音乐疗法。音乐可以诱发快速、兴奋或紊乱的脑电波向慢波转化，促使脑神经放松。如可以播放放松、镇静、曲调较为平缓的纯音乐曲目，以钢琴、小提琴、古筝之类的演奏曲目为佳，例如德彪西的《月光》、莫扎特的《摇篮曲》，中国民乐《小桥流水》《蕉窗夜雨》《闲居吟》等。

（8）鼓励服刑人员积极与人交往，积极参与集体活动。若因情绪影响不愿与其他人有交流或者不愿做任何事情时，则可以先从小目标做起。例如可以从每周一次体育锻炼开始，鼓励服刑人员完成，往后次数逐渐增多，当其完成目标时给予肯定或者指导服刑人员奖励自己。如果没有完成目标，则指导其给予自己惩罚。以此来帮助服刑人员从悲伤的情绪中抽身出来，积极融入群体，找到其他的社会支持系统。

4. 目标D：教会服刑人员学习情绪调节的方法，帮助其学会用有节制的方式表达自己的愤怒等情绪

干预措施：

（1）降低攻击性、破坏性和反社会性行为的频率和程度，指导服刑人员逐渐降低攻击性行为。当消极情绪出现时，尝试用拳击沙包、体育运动、卡拉OK、玩游戏等非破坏性的方式来发泄自己的负面情绪。

（2）引导服刑人员对自己不合理的信念进行辩驳。帮助建立新的学习信念和认知。例如可以利用挖井式的面质技术找出服刑人员的非理性认知。面质："失恋了，怎么办？"服刑人员答："那我很伤心。"继续面质："很伤心，又如何？"当事人答："很难受。"以此类推，直到找到服刑人员的核心问题所在。

（3）引导服刑人员了解什么是消极和积极的应对方式，面对失恋应该采取怎样的应对行为。

5. 目标E：鼓励服刑人员与人沟通，培养自己的社会支持系统

干预措施：

（1）采用想象技术，每天想象自己很自如地与他人交往，谈吐自如，一旦出现紧张、焦虑的情绪时，立即采用渐进式的肌肉放松、深呼吸放松技术加以对抗。

（2）鼓励服刑人员每天与熟悉的人进行一次谈话，任意选择谈话的主题和逐渐增加交往的时间。

（3）帮助服刑人员正确地认识自己。既看到自己性格上的弱点，也看到自己的优点和长处，消除人际交往时的自卑心理。可以将一张白纸对折后，要求服刑人员在纸的左边写上自己的优点，在纸的右边写上自己的缺点，然后与服刑人员讨论这些自我描述，让服刑人员能够正确地认识自己。当消极想法出现时，马上对自己说“不要这样想！这是没有根据的臆测”，停止对自己的消极评价。

（4）鼓励采用积极的自我暗示，如在卡片上写出6~10条有关自我认定的正面说法，如“天生我材必有用”“我就是我，不必与别人相同”。每天重复数次，提高积极的自我意象。

6. 目标F：从失恋中看到新的积极的人生意义

干预措施：

（1）推荐看《论幸福》（卡内基）、《没有时间失恋》、《苏格拉底与失恋者对话》、《钢铁是怎样炼成的》、《阿甘正传》等励志启发性读物，与当事人探讨分析里面的人物形象。例如，总结保尔·柯察金的优点、缺点，引导当事人对保尔做出评价，并将自己与保尔对比，找出自己需要向他学习的地方。以此来转移服刑人员的注意力，并学习人物积极的品质。

（2）鼓励服刑人员通过努力工作、努力学习、专注于自己感兴趣的某一项活动等升华的方式来消解内心的痛苦。

（3）协助服刑人员规划未来的生活。可以是3个月、半年、1年、5年、10年或者是出狱后，确定未来的职业方向与人生目标。

（三）效果评估

1. 自我评价

服刑人员自杀意念和行为消失，自信心恢复，睡眠质量提高，抑郁、焦虑情绪得到缓解，能正确看待过去的得失，开始有了生活兴趣爱好，能调控自己的情绪，能进行正常的社交学习和工作。

2. 干警评价

服刑人员精神状况良好，能参加平时的生产劳动和进行人际交往，改造欲望增强，人变得乐观，能够积极面对生活的难题。

第三节　因爱犯罪

阅读材料

2014年8月，小林偶然认识了身为舞蹈老师的小雪，小雪外形秀丽、性格开朗，深深地吸引住了小林。随后小林便对小雪展开了热烈的追求，一来二去两人发展成了男女朋友，开始正式交往。但花好月圆的日子并没有长久，两人性格的差异使得彼此之间的隔阂越来越深。2015年3月，小雪对小林正式提出了分手，这对初尝恋果的小林来说，是难以接受的事实。分手之后的某天，小林发现小雪又有了新的男朋友王某，觉得每天都像是煎熬。一天，小林打电话给小雪要约她出来谈谈，小雪拒绝了，小林决定直接到小雪工作的学校找她。来到学校，小林远远就看见小雪正背对着自己打电话，通过言谈，小林“断定”电话那头便是王某。一直以来堵在胸口的愤怒瞬间像火山一样爆发了。小林发疯般地夺过小雪的手机扔到地上，趁小雪不注意，凑到小雪身边将其耳朵咬伤。小林也因故意伤人被当地警方处以行政拘留10日并罚款500元的处罚。

一、问题与成因

盲目的爱情是许多犯罪案件发生的导火线。现今人们的生理发育年龄与其心智年龄往往不相称，生活中往往会表现出不成熟的恋爱观。在生活中，盲目为了“爱情”两个字而犯罪的案件并不少见。因爱犯罪有两种情况，一种是希望爱人能过上好日子，迫切想赚钱，为了快速攒钱不惜走歪门邪道，如抢劫、盗窃、勒索等快捷途径；另一种则是与爱人出现感情纠纷，有预谋或错手杀害了爱人。犯罪以后，服刑人员一方面会产生自责、内疚的心理，导致抑郁等情绪问题的发生，另一方面还要承受丧失爱人的痛苦，心理压力增大，从而引发了各种心理和生理问题。

人的心理是大脑对客观现实性的反映。在遗传因素和外界环境刺激的作用下，只要人的大脑机能完善，就会对外界做出反应，从而出现相应的情绪反应和行为表现。而犯罪就是大脑机能失调所导致的一种心理品质恶变的过程。当一种行为经常受到别人的忽视或批评时，在一定的外部条件下，如在别人的教唆引诱下，原有的不良心理品质就会发生质变，产生犯罪心理，从而实施犯罪行为。

在监狱里，18~35岁的服刑人员居多。这个群体的情绪稳定性比较低，做事情比较冲动鲁莽，具有攻击性。同情心和焦虑感比较强，因此很容易因为自身素质或一些外界因素的影响而犯罪。现今人们的生理发育普遍提前，而心理成熟相对滞后，社会阅历、生活经验普遍较为缺乏，导致其恋爱观表现出不成熟、不健康的特点。不成熟的爱情观驱使有的人盲目地为爱情付出，为了爱人生活得好一点而不顾后果，冲动行事，导致违法犯罪。有的人性格暴躁，情绪控制不好，经常和爱人吵架，因为一时口角问题而错手杀害了爱人。有的人法制观念薄弱，因为接触了不良的社会朋友，抵御不了外界的各种诱惑，犯下了过错。此外，有些家庭的教养方式不正确，没有在正确的年龄让孩子树立正确的荣辱观和是非观，或从小就放纵成长，放任不管，而导致孩子缺乏家庭关爱，造成人生观和价值观的扭曲。

犯罪以后，服刑人员多表现为内疚、自责、后悔，情绪低落，晚上睡不着觉，一闭上眼睛就会浮现当时案发的场景，并会思考如果当时怎么做就不会犯错，因而加深自责。经常做噩梦，容易惊醒。白天易头痛，精神疲倦，提不起劲，或无法原谅自己，常常埋头工作，不想理会外界的事情。他们会觉得对不起身边的人，觉得自己为家人带来了沉重的负担。他们多数能认识到自己的过错，认为不应该抱有侥幸心理，不该冲动做事而不顾及后果。由此可见，犯罪的人往往是因为抱有较大的侥幸心理，对自己的愤怒情绪缺少控制，或是为爱情盲目付出不顾后果。

二、表现与评估

1. 心理表现

情绪表现不稳定性，容易烦躁，常为自己犯下的错误而感到内疚、自责、懊悔。思念爱人和家人，晚上失眠，闭上眼就会想到自己犯错的情景，因而难以入睡，或容易惊醒。白天情绪低落，精神萎靡不振，不愿搭理别人，独自哭泣。常常因为自己给爱人和家人带来沉重的负担而自怨自艾。有强烈的挫败感、负罪感，怨恨自己。

2. 行为表现

有的服刑人员会为自己犯下的过错而自责，不愿意见家人，没有精力工作，变得郁郁寡欢。不与狱友相处，常常独自一人。可能有自伤自残的行为，在劳动中用劳动工具伤害自己的身体，甚至攻击狱友以求获得更重的刑罚。有的服刑人员则表现得焦虑、惶恐或坐立不安，每当想起爱人和家人便会身体颤抖、哭泣。有的服刑人员则因为思念家人，多次写信给家人倾诉，或抱着家人寄来的信痛哭，不能自已，或总是让干警帮忙打电话给家人道歉。

3. 心理评估量表

可以采用Beck抑郁问卷（BDI）来评估服刑人员当前的抑郁水平及是否

存在挫败感、罪恶感、惩罚感等消极情绪，而服刑人员面对生活中的突发事件的态度及应对方式可以根据特质应对方式问卷来进行分析和评估，从而对其不良行为进行预防和矫正。另外，可以用强迫行为检查量表（修订版）来判定并检测服刑人员是否存在强迫性的行为及其严重程度。详细量表和评估方法参照本书附录。

三、辅导方法

（一）长期目标

（1）通过劳逸结合，使服刑人员学会减压放松和情绪调节的方法。

（2）培养正确的思考方式。

（3）恢复安宁的睡眠方式，提高睡眠质量。

（4）提高服刑人员的工作能力，促进社会功能的恢复。

（二）短期目标及干预措施

1. 目标 A：评估服刑人员的认知、情绪情感和行为及心理问题

干预措施：

（1）咨询师通过一些测试、询问来了解服刑人员当前的情绪。深入了解他们对自己所犯过错的后悔之情，对女友、家人的内疚或思念之情，以及当前有无愤怒情绪，有无产生绝望心态。

（2）咨询师向服刑人员了解他是如何处理内疚、懊悔等情绪问题的。要注视来访服刑人员的表情变化，以免加深他的悲伤情绪。在取得服刑人员的信任后，可以适当问他："以前你有过内疚、后悔、悲伤的情绪问题吗？当时你是怎么处理的？这些方法对你有帮助吗？这种方法是否已经习惯了？现在生活环境的改变对你的这种处理方法有影响吗？"

（3）咨询师通过心理咨询的摄入性谈话，以关怀的口吻向来访的服刑人员了解导致当前的内疚、绝望情绪的事件和原因，适时给予精神支持、鼓励和积极关注。对于服刑人员的优秀、积极的方面给予赞赏，如"你在这方面做得挺好的""这点我同意""这点可以保持下去"等，从而使服刑人员恢复信心。咨询师和服刑人员一起从他的生活行为、习惯、情感表露等分析他的性格、自我效能感和个人成长经历、家庭教养方式的关系，咨询师的表情要坚定，多给予鼓励，让服刑人员勇于面对过往的经历，有信心去改善自己。

（4）运用共情、鼓励等技术让来访服刑人员减轻目前的情绪。例如告诉他："我能理解你的感受，内疚、后悔的事情在每个人身上都会发生，每个人都会做错事，但是你后悔了，说明你有着一颗善良的心，你会反省自己的过错。"鼓励服刑人员积极面对自己的困难，并告诉他："我会帮助你一起渡过这个难关，你自己也要有信心，你一定可以从这段经历中走出来的。"

2. 目标B：改善服刑人员的睡眠质量，减少噩梦或者同一个梦的发生频率

干预措施：

（1）咨询师逐渐引导服刑人员说出失眠的情况（严重程度、持续时间等）以及噩梦或同一个梦的场景，帮助服刑人员分析导致失眠的根源，告知服刑人员要接受现实，过去的事情已经过去，不要被自己犯的错误牵绊。

（2）森田疗法。咨询师与服刑人员讲述森田疗法的治疗原则，即“顺其自然”和“为所当为”。告诉服刑人员必须客观地接受犯罪的事实和现在的状况，坦然对待与之相伴随的苦恼和后悔心情，认识到对其抵抗或用任何手段回避、压制都是徒劳的。告知服刑人员不要把注意力集中在以前的事情上，不要在睡前为能否入睡而多思多虑，不要一味地暗示自己“我一定要睡着觉”，应该听凭睡意自然发展而入睡。

（3）教授自我暗示的放松技术。指导服刑人员在睡觉前把注意力集中在双手或双腿上，默念自我暗示的语句，比如“我的双手越来越沉重了”“我的下肢越来越沉重了”“我的全身越来越沉重了”，体验自己肌肉松弛、下坠、温暖的感觉。做放松训练的同时也可以播放柔和的轻音乐，将有助于经常失眠的服刑人员入睡。

（4）咨询师要告知服刑人员，在睡觉前要避免不良的自我暗示。如“今晚不知能不能入睡”“我一定要快点睡着”“如果睡不好，第二天就没有精神”“如果睡眠不好就会引起许多身体疾患”，诸如此类的睡前暗示和焦虑情绪都会严重干扰入睡。

（5）矛盾取向法。咨询师可教授失眠的服刑人员，当实在睡不着时，可以对自己暗暗地说：“我不想睡，要保持清醒状况。”并睁大眼睛看着头顶上方的天花板，眼睛用力往上看，并尽量保持长一些时间不闭眼睛，当眼睛疲惫了，闭上眼睛后就会感觉舒服多了，从而逐渐产生睡意。事实上，大多数失眠的人无需多长时间即可入睡。

（6）数数法。数数是最简单的催眠方法，可以教授服刑人员，当睡不着的时候，以自己最舒服的睡觉姿势躺着，闭上眼睛，在心里从1慢慢数到100，并深呼吸，如果数到100还没能睡着，再从100数到1。注意要认真数数，数数过程中不要分心想其他事情。数数过程中会渐渐产生睡意，在不知不觉中入睡。

（7）梦的工作。对于晚上总是做噩梦或者做同一个梦的服刑人员，可以采用格式塔疗法中“梦的工作”技术，试图让服刑人员把梦带回到生活中，重新创建梦，重新经历梦。咨询师首先让服刑人员尽可能列出梦中的所有细节，包括梦中的每个人、每个时间和每种情绪，然后让服刑人员自己变成梦中的每个部分，尽可能自己创建每个场景中新的对话，充分地扮演出来，通

过相互对立的部分的表达，使得服刑人员更好地察觉自己的情感，并使存在于自己内在的不良想法转化为积极的方面。

3. 目标C：学会合理地表达和宣泄自己的孤独，以及对爱人和家人的思念等情绪

干预措施：

（1）对于文化水平较低的服刑人员，咨询师首先通过共情与服刑人员建立良好的咨询关系，然后可以鼓励他将令自己产生郁闷、孤独、烦恼、悲伤、愤怒的事情说出来，甚至在无人的时候大哭一场，使得压抑的情绪得以抒发。咨询师要耐心倾听服刑人员的诉说，理解他并把自己的理解告诉服刑人员，让服刑人员觉得有人关心自己。

（2）对于想念家人，或者因为自己的过错而感到后悔，希望得到被害人原谅的服刑人员，咨询师可以使用空椅子技术，暗示服刑人员“现在你把我想象为你最想见到的人，什么人都可以，你有什么想说的话可以跟我说，把你所有的内疚、思念等的话都说出来”，鼓励服刑人员把自己压抑的情绪表达出来。

（3）对于文化水平较高的服刑人员，可以鼓励他以写日记的方式把自己的感受写出来进行发泄。把自己之前所做错的事情写下来，把自己的后悔、痛苦等感情通过文字描述出来，并暗示自己“这是我的过去，现在我要把它放下，做一个全新的我”，然后把日记交给干警保管，并暗示自己“我不再想这些事了”。

（4）对于因为感情纠纷问题，错手杀害爱人或爱人家人的服刑人员，咨询师可以鼓励他们到宣泄室进行宣泄，通过击打沙包的方式把对自己的愤怒情绪发泄出来，一边击打一边把一直藏在心底的怨恨自己、想骂自己的话都说出来。

（5）艺术治疗。根据服刑人员不同的年龄、习惯、爱好以及文化素养等条件，适当安排娱乐活动。提供画笔让服刑人员随意发挥，把自己想表达的感受画出来。或者开展音乐演奏会，十位服刑人员为一组，每人选择一件乐器，一起演奏一首曲子，或者单纯按照某个节奏来演奏乐器，这有助于服刑人员放松心情，使得他们心神舒畅。也可以举办音乐会，鼓励服刑人员以唱歌、跳舞的方式宣泄情绪。

（6）可以适当开展团体讨论会。让因为犯罪而极度后悔、无法原谅自己的服刑人员坐在一起，各自说出自己犯下的过错，以及表达自己的后悔和内疚之情，并让服刑人员互相鼓励，互相给予安慰。例如表3-3所示的以“我们都在你身边”为主题的拓展活动。

表 3-3　以“我们都在你身边”为主题的拓展活动

主题	我们都在你身边
对象	为自己的犯罪行为极度后悔、自责的服刑人员（9~15 人）
开始环节	宣布保密原则，团体内签订契约：团体成员说的每一句话、每一件事情都不能向外界透露
破冰游戏	大树和松鼠 （1）随机分成三人一组，其中两人扮大树，一人扮松鼠。大树面对对方，伸出双手搭成一个圆圈，松鼠站在两棵大树围成的圆圈中间 （2）当培训师喊“松鼠”时，大树不动，扮演“松鼠”的人就必须离开原来大树，重新选择其他的大树；培训师或临时人员临时扮演松鼠并插到大树当中，落单的人做自我介绍 （3）当培训师喊“大树”时，松鼠不动，扮演“大树”的人就必须离开原先的同伴重新组合成一对大树，并圈住松鼠；培训师或临时人员临时扮演大树，落单的人做自我介绍 （4）当培训师喊“地震”时，扮演大树和松鼠的人全部重新组合，扮演大树的人也可扮演松鼠，扮演松鼠的人也可扮演大树，培训师或其他没成对的人亦可插入队伍当中，落单的人做自我介绍
我的心结	引导语：刚刚大家都扮演过大树和松鼠了吗？今天在这里，我们既是松鼠，在受伤需要有人保护和支持的时候，我们又是大树，用自己强壮的枝干保护并支撑着别人。今天在这里的每个人都是犯了罪而非常后悔的人，大家心中都有着自己难以释怀的心结，现在大家都来说说自己有什么一直无法释怀的事情吧（引导服刑人员说出让自己自责、难过的事情）
鼓励的拥抱	引导语：每个人都做过错事，每个人都有后悔、自责的时候，所幸的是，大家都有一颗知错的心，大家都是诚实而善良的，现在请你跟左边和右边的伙伴互相拥抱，互相给予鼓励和支持
方法分享	引导语：同是天涯沦落人，相逢何必曾相识。大家都有难过的时候，不如一起分享一下当你难过的时候，你是怎么做，让自己的心情好起来的？我们可以互相借鉴、互相学习一下
道歉信	引导语：今天大家坐在这里，与家人分离，与爱人分离，心里一定有很多话想对他们说，现在每个人都写一封信，可以是写给家人的，写给爱人的，或者是写给自己的，甚至是写给故人的，写下自己想说的话，写下想要表达的情感，写下你的“对不起”
总结升华	每个人都有犯错的时候，而当他意识到自己错了的时候，他便开始成长了。大家今天带着一颗忏悔的心坐在这里，就会有一个新的开始。知错能改，才能赢得别人的体谅。过去的事情已经过去，原谅自己，不要被以前的心结所羁绊，才能重新出发。以后你们的路可能会铺满荆棘，但是没有关系，我们都在这里，支持你，鼓励你

4. 目标D：改变服刑人员的错误认知和消极的应对方式，走出负罪感的强迫性思维

干预措施：

（1）咨询师通过询问的方式，先确认服刑人员有哪些错误的认知，比如绝对化（这件事已经没有任何解决办法了）、自我否定（都是我的错，我一无是处）、过分概括化（我不可能有重头再来的机会了）等。可以问服刑人员“现在你对自己有什么评价”“你觉得自己是一个怎样的人”“你怎么看待你的过去和未来”等。

（2）咨询师以关怀的语气向服刑人员询问“以前当你发生让你难过的事情的时候，你是怎么做的？处理过后有什么改变吗”。咨询师了解服刑人员应对压力的常见方式，如暴饮暴食、封闭自我、回避社交、自暴自弃等。

（3）采用ABC情绪疗法。咨询师询问服刑人员：“发生这件事之后，你是怎么想的？这让你感觉怎么样？带来了什么后果？”咨询师和服刑人员一起挖掘这三者之间的关系，认识到是哪些认知、哪些想法强化了服刑人员的内疚感和绝望感，让他明白只要换个想法，一切皆可以发生改变的道理。

（4）认知重组技术。咨询师可以组织有焦虑情绪的服刑人员，一起进行角色扮演活动。通过角色扮演和想象，使服刑人员面临一种可以引发焦虑的情景，之后要求服刑人员评价自己的焦虑水平。咨询师和服刑人员一起找出那些在压力情境下产生的引发焦虑的认知，并帮助服刑人员通过重新评价自我陈述来检查这些想法，再让他重新评价自己的焦虑水平。

（5）咨询师可要求服刑人员每天将自己的无助感、无价值感、内疚感、懊悔感、孤独感等想法记录下来，同时记录证明和反驳的证据，并一起来讨论这些想法和证据，找出服刑人员的错误认知，强化反驳这些感觉的证据。例如“你觉得自己没有价值感，但你现在在这里能通过自己努力工作挣钱”等，增强服刑人员的自我效能感。

（6）鼓励服刑人员多做利他的事情。例如帮助狱友、做义工，从而提高自我价值感。对于对爱人和家人有歉疚之情的服刑人员，可以让他把自己在狱中劳动所得的钱财寄给爱人及其家人，或者让家人代他拿给爱人家，以减轻自己的歉疚之情。

5. 目标E：改善服刑人员对应激事件的应对方式，学习新的积极的应对策略

干预措施：

（1）咨询师帮服刑人员训练运用认知重组技术，修正原先错误的认知方式，建立新的积极的应对压力的策略，例如通过运动和劳动，代替以前通过暴力宣泄应付压力的方法。

（2）咨询师和服刑人员可以通过角色扮演和行为演练，鼓励极度内疚的

服刑人员重新回到犯罪的场景。在采取行动之前，学习运用“停一停、想一想、听一听和先计划”的应对策略，并通过不同场景的模拟训练，让服刑人员学会克制住冲动的做法，并在生活实践中检验积极应对的效果。

6. 目标F：增加与服刑人员有重要关系的人的交流，让服刑人员感到被关注，了却未尽的愿望

干预措施：

（1）联络内疚自责甚至有自残自伤倾向的服刑人员的家人，或者与其有重要关系的人，看看他们对服刑人员的问题以及与此相关的情绪和事件背景有多少了解。告知他们积极关注服刑人员的重要性，并告诉他们要同情、理解服刑人员目前的状况，要求他们给予服刑人员以精神支持和真情关怀。

（2）联络有不良情绪的服刑人员的家人，为他们举行家庭治疗性会谈。鼓励服刑人员把内心的愤怒、伤痛、内疚和悲哀倾诉出来，并让其家人给予回应，对其表示支持，增进家人和有重要关系的人对他内心世界的理解，并为其心理康复提供必要的社会支持系统。

（3）鼓励服刑人员接受自己的缺点，宽恕自己的过错。可以让服刑人员对自己做一个评价，用一张纸折成两半，一半写自己的优点，另一半写自己的缺点。当服刑人员写出自己的优点时，要给予鼓励。而写出缺点时，要共情，并且告诉他“每个人都有做错的时候，既然错了就应该好好弥补而不是逃避，现在要正视自己的缺点，想办法改正过来”，然后让他把写着缺点的一半撕下来撕碎，只留下写着优点的一半，鼓励他将自己从内疚和懊悔中解脱出来。

（4）对于家人无法前来看望的服刑人员，咨询师可鼓励他写信给家人，把内心的思念、后悔、歉疚之情表达出来，以缓解服刑人员对家人的牵挂。

（5）让服刑人员把自己未完成的愿望写下来，尽量一件一件地完成。例如希望对离世的家人表达思念，可以采用空椅子技术，让服刑人员想象椅子上坐着自己的家人，把未说完的话说完。如果是服刑人员无法在狱中完成的具体愿望，可以联系服刑人员的家人或有重要关系的人，让他们完成服刑人员未尽的愿望。

（三）效果评估

1. 自我评价

懊悔、自责、内疚情绪减轻，没有自伤自残行为，学会控制愤怒的情绪，冲动行事的情况减少，睡眠质量提高。

2. 干警评价

情绪平稳，内疚自责、自伤自残的行为减少，与狱友相处融洽、没有争执。工作和人际关系的社会功能恢复，与家人正常和谐相处。积极参加团体活动，面对应急事件能以正确积极的方式应对。

第四节 性问题

阅读材料

2008年12月9日，某监狱狱侦支队接到二监区七分监区服刑人员的匿名举报，反映二监区七分监区互监组长张某有胁迫其他服刑人员进行同性性行为的情况。次日上午，监狱狱侦支队来到二监区，针对此事展开调查。查明：自2008年3月至2008年12月，服刑人员张某利用民警对其作为互监组长的信任，协迫、利诱周某、刘某、陈某、李某、蔡某等13名服刑人员与其发生同性性关系，有的是多次与其发生同性性关系。影响之严重，手段之恶劣，令人触目惊心。

一、问题与成因

服刑人员在狱中处于相对封闭的环境，面对的都是同性的罪犯，干警大多都是同性，几乎无法得到性的满足，因而会出现压抑、焦虑等状况。性行为受到环境的限制，性心理被压抑，在这种情况下，服刑人员很容易出现各种各样有关性的心理问题和生理问题。

成年人对性的要求和渴望是很自然的现象。由于监狱里很少看到异性，服刑人员无法进行正常的性生活，因此他们会通过手淫来得到性的满足。手淫本来是正常的现象，然而，服刑人员由于长期习惯于以手淫的方式抒发性能量，手淫次数变得越来越多，超过了正常的范围，就会导致心情烦躁、精神萎靡，容易疲倦，生理上出现肾虚、肾亏等问题。

由于性生活缺乏，服刑人员易产生紧张、焦虑、恐惧、急躁不安等情绪。有的服刑人员会开始关注同性，甚至对同性产生兴趣，通过实施同性的性行为来进行性宣泄。然而并不是所有服刑人员都愿意接受这种方式，因此有可能导致人际关系问题，晚上难以入睡，或者做性梦，睡眠质量变差。

这些不良的性宣泄方式，在监狱中难以及时、正常地发现，也无法及时给予引导和帮助。如果处理不当，必将导致监管安全事故的发生，给监管安全和稳定带来严重的隐患，并且给服刑人员的身心健康造成不良影响。

由于监狱封闭的生活环境，服刑人员在监狱里接收的信息少，接受信息刺激的兴奋点也少，生活易枯燥，并且，由于处于监禁的环境，性能量没有正常的宣泄渠道，服刑人员容易把情趣的兴奋点集中在性问题上。而服刑人员的性需求不能得到满足，干警也不允许他们有异常的性行为表现，因此，他们出现情绪问题和行为异常也就成为必然。

在认知方面，服刑人员在服刑期间对性问题的认知可能出现偏差，有时出现独自发呆的状况，思考以前和如今的性生活差异。有的服刑人员对以前的性生活不满意，因而开始对以前和异性的性行为表现出低认同感，反而在狱中对和同性的性行为表现出高认同感，甚至认为同性也可以成家。服刑人员在情绪方面表现出不稳定性，急躁易怒、易发脾气，时而感到烦躁、焦虑、郁闷、记忆力差。生理方面，服刑人员会由于集聚的欲望无法发泄，而经常感到头疼，精力下降，容易疲倦，内分泌失调。

服刑人员的性心理普遍存在较为严重的问题。处在封闭的同性环境下，他们经常希望会有异性出现在面前，特别爱看有关情爱方面的书籍和一些比较暴露的图片，喜欢和别人开有关性的玩笑，通过一些与性相关的视觉与听觉的接触来获得性的满足。由自己的性饥渴推及配偶，常常会无端地怀疑配偶是否忠贞，经常出现想性交的冲动。而在狱中他们一般通过性梦、手淫等方式来满足自己的性欲望。有的服刑人员甚至出现性取向的改变，把想象中性交的对象转换为自己的狱友，在监狱里注意狱友的一举一动，偶尔趁机抚摸或调戏，甚至偷偷地与狱友发生同性行为，以达到自己性的释放的目的。

二、表现与评估

1. 心理表现

在监狱里，服刑人员的性需求无法得到满足，会变到焦虑不安、紧张、恐惧、烦躁、郁闷。而长期处于压抑之中，情绪的稳定性变差，情感偏激，急躁易怒、易发脾气，容易为了一点小事与别人争吵。由于性饥渴的存在，在生理上也表现了严重的症状，有的服刑人员常常会感到睡眠不好，主要表现是难以入睡，或睡梦中惊醒；有的会感到肠胃不适，容易疲倦，精力明显下降，精神萎靡不振。

2. 行为表现

在监狱里，服刑人员在只有同性的氛围下，无法体验性兴奋或性高潮状态，力比多无法释放，因此会通过频繁手淫来达到性兴奋。手淫是用手作为工具，在自己身上取得性满足的一种自慰的方式。手淫是一种正常现象，但服刑人员往往无法克制住手淫的次数，导致身体的损伤。过度的手淫会导致性神经过度兴奋而疲劳，引起性欲减退、阳痿、勃起不坚等。频繁的手淫还会导致尿道炎、前列腺炎、精囊炎等，由此引起尿频、尿急、尿痛、尿道灼热、尿等待、排尿困难等。

3. 心理评估量表

可以采用状态—特质焦虑问卷（STAI）来评定服刑人员是否存在焦虑、

紧张、恐惧等不良情绪。另外，可用状态与特质性孤独量表来测试服刑人员是否出现人际交往问题，以及是否有孤独体验。详细量表和评估方法参照本书附录。

三、辅导方法

（一）长期目标

（1）提高服刑人员的性健康水平。

（2）丰富狱中文体娱乐活动，转移服刑人员对性的注意力。

（3）引导服刑人员减少手淫次数，恢复正常水平。

（4）学会合理宣泄情绪，提高对情绪的调控能力。

（5）与同性建立正常的社会交往关系，尽量减少性取向对正常生活和社会功能的影响。

（二）短期目标及干预措施

1. 目标 A：评估手淫的性质、程度，探寻其病因

干预措施：

（1）咨询师通过摄入性的谈话，全面了解服刑人员的性生活史、与其父母的关系、恋爱与婚姻史，以及手淫的经历。

（2）咨询师要重点评估服刑人员与性伴侣的关系的和谐程度，有没有吵过架和因何吵架，当时是怎么处理的，并揭示性关系中的冲突和未满足的需求，以及相关的性态度、性体验和情绪情感问题，把这些问题反馈给服刑人员。

2. 目标 B：监控手淫的次数，分析诱发手淫的因素，制订康复计划

干预措施：

（1）咨询师可运用自我观察技术，鼓励服刑人员以日记形式记录每天手淫的时间、地点、当下在做什么的情境、严重程度、持续时间，以及当时自己的反应和感受。

（2）咨询师和服刑人员一起分析记录日记，提高服刑人员对手淫的性质、诱因，以及干预措施方法和效果的认识。

（3）咨询师给服刑人员提供有关过度手淫的信息，让他们意识到过度手淫对身体的危害，协助他们做出有利于自己的决定。

（4）咨询师和服刑人员一起制订具体的康复计划，如规定每天手淫的频率和时间，逐渐减少手淫的次数，直至回复正常水平。

3. 目标 C：鼓励服刑人员通过其他活动进行合理的宣泄

干预措施：

（1）咨询师要耐心引导服刑人员将心中压抑的不满、愤怒等负面情绪表达出来。可建议服刑人员以写信的方式把自己的负能量写出来，或者通过唱

歌发泄出来，抑或是大哭一场，同时咨询师要给予充分的共情和理解。

（2）鼓励服刑人员利用宣泄室进行负面情绪的合理宣泄，并对性宣泄进行必要的帮助和指导。亦可鼓励其适当参加体育锻炼，如跑步、打太极拳等，或进行劳动改造，并观察和记录长期体育锻炼的效果，确保服刑人员的身心健康。

（3）咨询师和服刑人员一起探讨现在自己的手淫状况对身体造成了什么影响，特别指出不良的影响，让服刑人员正视自己对手淫的态度，不要把手淫视为生活的全部，帮助其采取一种积极的、富有建设性的态度。

（4）干警可多开展丰富的团体活动，鼓励服刑人员参与其中，并且每次团体活动的分组名单都不同，从活动中宣泄压力，并使得服刑人员的朋友圈子扩大。例如表 3－4 所示的主题为“天使与魔鬼”的拓展活动。

表 3－4　以“天使与魔鬼”为主题的拓展活动

主题	天使与魔鬼
对象	因为性问题而倍感压力、有焦虑感受的服刑人员（9～12 人）
开始环节	宣布保密原则，团体内签订契约：团体成员说的每一句话、每一件事情都不能向外界透露
热身环节	压力小测试。 （1）主持人用投影仪播放压力图片，并询问服刑人员：“你看到了什么，看到图片在转动吗?” （2）主持人解释：“心理学家发现，对于这些图片，不同的人看到会有不同的感觉。心理压力感受越强烈的人会觉得转动得越快。”
一杯水的重量	（1）引导语：我们都是凡人，都有来自各个方面的压力。我们既可以施力于物体，也可以受力于物体。将一杯水放在手上（主持人拿起一杯水放到手掌上），我们就可以受到这杯水作用于我们的力——压力。让我们一起来体验一下这杯水能带给我们的压力吧 （2）主持人请服刑人员参与体验。让体验的人拿起水杯，并请其他人判断：认为他能这样托举着不晃动多久 （3）参与的人撑不下去并放下水杯后，请参与体验的人和做判断的人谈谈他们的感受与想法
压力释放	引导语：压力人皆有之，大家最近有什么压力事件呢？不妨说出来，让大家一起想办法解决

（续上表）

天使与魔鬼	引导语：生活中方方面面都存在着压力，压力无处不在。但是，压力并不只有坏的方面，也有其积极作用。下面让我们做个小游戏，大家一起来发掘压力的积极作用吧 （1）分成几个小组，三人一组，其中一人扮演“凡人”，一人扮演“魔鬼”，一人扮演“天使”。“凡人”要具体说出一件引起压力感受的事情；“魔鬼”要尽可能说出这个压力事件的不良影响；“天使”要提出这个压力事件的另外解释，说明它没有想象中的那么坏，甚至还有好的方面，同时给予“凡人”一些好的应对建议 （2）先由“凡人”说出压力事件，然后“魔鬼”和“天使”轮流发言。10分钟后，活动停止。有条件的话，让每人都扮演三个角色 （3）活动停止后，主持人引导“凡人”思考：听到“魔鬼”的言论感觉怎样？自己有过这样的想法吗？听到天使的话后有什么感觉？天使的哪一句话最让你感觉良好
压力应对树	主持人给每个组派发一张白纸和三支笔，让每个人根据刚才活动的收获，在纸上描绘一棵“压力应对树”，并在树枝处写上能够帮助自己缓解压力的方法或想法，小组合作完成，并派代表把这些方法分享给大家
总结升华	人的一生就是不断面对压力、应对压力的过程。人无压力轻飘飘，有压力才会有效率。许多承受巨大压力的人依然能把事情安排得井井有条，是因为他们有着良好的心态，善于与压力共处。当遇到压力的时候，他们能够想到“事情其实没有那么糟糕”，关注当下，把注意力更多地放在“怎么去做”上。通过今天的活动，相信大家都有很多的感受和体验，只要我们把今天的收获运用到生活中，尝试着做自己的“天使”，相信我们每个人都能够做到面对压力，处之泰然

4. 目标D：学习应对生活中各种紧张焦虑情形的放松减压技术，提高睡眠质量

干预措施：

（1）咨询师要教授服刑人员学习姿势放松、意象放松、腹式呼吸、肌肉放松的方法，尤其是熟悉肌肉放松的生理指标：肌肉的温暖感、沉重感。

（2）咨询师可以利用催眠疗法，让服刑人员体验放松的感觉：让服刑人员保持最舒服的姿势，闭上眼睛，可适当播放一些柔和的轻音乐。咨询师以言语诱导：“现在放松身体，我们进行深呼吸，有规律的深呼吸，每次吸气，你会吸入自然界的清新空气和平静的力量，每次呼气，你会把身体内的浊气、紧张和不适感全部呼出来，每一次吸气或呼气，你的身体就会放松一个层次，吸气，呼气，吸气，呼气……现在你感觉越来越放松，你的身体越来越重，越来越往下沉……你非常放松，现在你非常舒服。”可让来访的服刑人员适当

休息一会，减轻压力。

（3）咨询师检查并监督服刑人员每天实施肌肉放松训练的完成情况，让服刑人员把每天的肌肉放松训练详细记录下来，包括实施时间、地点、持久度、怎么做、效果如何等，并与其分享训练的体验。

（4）咨询师帮助服刑人员探寻失眠背后所隐藏的某些引起他焦虑的社会心理问题和困惑，运用认知疗法，纠正其对睡眠过度关注和对失眠过度恐惧的情绪。睡前练习几遍放松的方法，使自己的情绪放松，树立“不期寐而自寐矣”的信念。

5. 目标E：保持有节制的生活，适当运动，形成健康的行为方式，提高生活品质

干预措施：

（1）由服刑人员详细观察和记录自己拟定准备改变的行为，写下行为日记，内容包括行为的前因后果、环境条件、自己的感觉和评价。

（2）用自我勉励的语言（例如，“这件事我做得不错”）、娱乐（例如，“今天我做了……感觉自己很棒，我要奖励一下自己”）等对自己满意的行为给予强化。

（3）鼓励服刑人员要坚持工余阅读。阅读内容可以是适合自己兴趣的、有益心智和幽默的文学作品，充实自己的精神生活，减少对性问题的过度关注。

（4）音乐疗法。音乐有助于诱导快速、兴奋或紊乱的脑电波向慢波转化，促使脑神经放松。如干警可以在每天规定时间播放一些放松、镇静、曲调较为平缓的纯音乐曲目，以钢琴、小提琴、古筝之类的演奏曲目为佳。例如德彪西的《月光》、莫扎特的《摇篮曲》和中国民乐《小桥流水》《蕉窗夜雨》《闲居吟》等，促进服刑人员的情绪放松。

（5）种花疗法。栽种绿色植物不仅能舒缓眼睛疲劳，还能调节人的心理、放松精神，缓解焦躁、稳定情绪，使人心情舒畅。咨询师可鼓励服刑人员通过栽种花卉植物来缓解自己的情绪。例如布置小任务，让服刑人员认真种好一棵植物，任务完成后可给予适当奖励。

（6）咨询师可鼓励服刑人员顺其自然，为所当为。积极参加劳动改造，把自己多余的精力用在劳动上，不要把注意力集中在自己的性问题或身体状况上，不要因为性问题或睡眠不好而放弃对精神文化的追求。

6. 目标F：教授实施思维停止技术，阻断引起焦虑的非理性思维

干预措施：

（1）咨询师教授服刑人员学会思维停止技术。例如，当引起焦虑情绪的思绪发生时，自己大喊一声，或使劲拍打一下桌面，或用橡皮筋弹击一下自己的手腕等。有效地运用这种停止思维的声音或疼痛的信号，干预或阻止一

直自动进行的非理性的强迫思维观念。在发出信号和强迫思维停止的同时，即可联想出一个愉快的生活情境作为强化。鼓励来访的服刑人员在两次治疗间歇期，先练习思维停止信号与愉悦情境之间联想的技术。

（2）鼓励服刑人员定期向干警报告。报告自己由于使用了非理性思维停止技术和积极的自我对话技术，日常焦虑水平降低，并对自己的焦虑水平做出准确的评价。

7. 目标G：加强对服刑人员的性健康教育，提高服刑人员的性健康水平

干预措施：

（1）干警定期开展性心理健康教育讲座，除了普及性常识之外，还应当注意对同性性行为、同性恋等方面知识的教育。提高服刑人员的自我调适、自我保护能力。

（2）干警要引导服刑人员正确认识性问题。矫治性障碍、维护性健康至关重要。

8. 目标H：对于与同性发生性行为的服刑人员，把使他产生性冲动的对象重新转移到异性身上

干预措施：

（1）性意象转移治疗。咨询师可以采用条件反射训练的方法，重建与恢复服刑人员对异性的性兴奋。可以先让他以幻想性的手淫或幻想性交开始，以取代实际的与同性服刑人员的身体接触；等他示意性兴奋已逼近性高潮而不可避免时，立即借助异性画像和异性录音将其性幻想转移为异性幻想。通过不断练习，使其在性兴奋与异性恋之间建立起新的条件反射，重建和恢复与其性别角色相应的性兴奋模式，这种方法可以称为“移花接木”。

（2）厌恶治疗。对于比较难以在脑海中摆脱对同性想象的服刑人员，可以考虑运用厌恶疗法帮助其摆脱与同性亲密接触的固着。通过以催吐药物诱发的恶心、呕吐，或无害但强烈的电刺激与同性的性幻想或性冲动联系起来，从而建立对同性的性行为厌恶的条件反射，摆脱对同性服刑人员的精神依恋关系。

（3）休克治疗。对于某些对周围人际关系过于敏感，或者在乎别人评价的同性恋服刑人员，可以把他转换监区。采用转移环境的方法，使他突然放弃或终止与原先人际圈子内所有人的联系，有助于一切重新开始。

（三）效果评估

1. 自我评价

手淫的次数减少。由于手淫引发的躯体障碍减少，对于性的注意力降低，由于性问题引发的紧张、焦虑、恐惧感减轻，对同性服刑人员和同性干警的注意力降低。积极参加团体活动，改善睡眠问题，提高生活满意度。

2. 干警评价

过度手淫引发的躯体问题减少，情绪平稳，没有对同性服刑人员做出亲密行为，与其他服刑人员的关系逐渐改善，工作和人际关系等社会功能正常。

第四章

婚姻问题心理辅导

第一节 婚姻疑虑

阅读材料

陈某，38 岁，四川人，曾离过一次婚，长期找不到老婆，后经人介绍认识了相貌姣好的卿某，两人一个月后闪婚。他认为如果不是遇上丧夫的卿某，他可能会单身一辈子，并且他是幸运的，娶到一个漂亮的老婆。据了解，卿某是因丧夫名声不好，心里自卑才嫁给大她10 岁的陈某。后陈某因与人争执时砍断他人左手入狱。陈某入狱后，卿某开了间服装店，无聊时就上网聊天。陈某怀疑妻子与男网友有染，尤其是得知其借了 3 000 元给某一位网友后，更认定妻子出轨。之后他开始心神不宁，注意力无法集中，总是想着妻子是不是与别人有染，从而导致夜眠差，食欲变差，白天无法专心工作，渐渐地也不与其他狱友来往。

一、问题与成因

婚姻疑虑是指服刑人员在入狱后与配偶分离，基于各种原因而产生对配偶的猜疑，内心充满忧虑和不安的情况。对于刚结婚不久的服刑人员来说，由于婚姻关系尚不稳定，服刑人员会担心配偶提出离婚而感到焦虑。而对于刑期较长的服刑人员来说，因为配偶逐渐减少来探访或通信的频率，让服刑人员感觉其对自己的关注、关心慢慢减少，从而可能会怀疑配偶不再爱他或出轨等，引起对婚姻关系破裂的恐惧。轻度的分离焦虑，在一定程度上可以激发服刑人员发奋改造赢得减刑提前出狱的机会，具有一定的积极意义。但过度焦虑所伴随的坐立不安、精神恍惚、情绪抑郁等复杂情感，会严重影响服刑人员在狱中的表现。

服刑人员主要的婚姻疑虑是担心配偶在外面有了外遇，对自己变了心，甚至担心配偶提出离婚。入狱之后，大多数服刑人员会因为罪犯的身份或无法再给家庭提供经济支持而感到自卑，渐渐地觉得配不上配偶，尤其是刚结婚的、婚姻关系尚不稳固或妻子长得比较漂亮年轻的服刑人员，更容易感到焦虑。他担心妻子与别的男人接触后会产生感情，慢慢地对自己变了心，而自己又无法时时看到、接触到妻子，渐渐地就会变得极度敏感。妻子一丝一毫的变化，如减少来访次数、着装或妆容发生变化，都会使他心生怀疑。

服刑人员过度地把注意力集中于思考妻子与夫妻关系中，往往会精神紧张，从而导致难以入睡、失眠、容易惊醒，或食欲减退，常常感到疲劳，不愿与他人交流，影响了在狱中改造的表现。

二、表现与评估

1. 心理表现

服刑人员情绪低落、敏感、多疑、焦虑，讲话过程中总是唉声叹气，兴趣缺乏，食欲差，入睡困难，睡眠质量下降，甚至失眠、头痛，不过思维言语正常。

2. 行为表现

服刑人员完成任务和参加学习时，注意力难以集中。在劳动中常常出错，难以完成生产任务。不能按时完成作业，多次违反监规纪律被扣分。与狱友交流困难，甚至不能提及“女人”的字眼，或连看电视也不能看到“女人”。根据临床资料，总结其典型症状为：内心痛苦、精力减退、入睡困难、喜欢独处、兴趣下降、自信心不足、自我评价低。

3. 心理评估量表

在评估测量方面，可以采用婚姻安全警戒测试、婚姻满意度量表和婚姻心理控制源量表（MLOC）来评定服刑人员现在的婚姻状况。使用焦虑自评量表（SAS）来评定服刑人员广泛性的焦虑等级，也可采用状态—特质焦虑问卷（STAI）来判断服刑人员是基于人格特质的易焦虑类型还是针对当前婚姻关系的状态焦虑。对于可能伴随抑郁情绪的个体，还可采用抑郁自评量表（SDS）等来对其抑郁情况进行判断和排查，从而有针对性地进行辅导和帮助。

三、辅导方法

（一）长期目标

（1）学会从多角度看问题，提高应对挫折的信心和能力。

（2）建立狱中的社会支持系统，与其他服刑人员建立良好的人际关系。

（3）促进服刑人员心理健康发展，完善其人格。

（二）短期目标及干预措施

咨询师在深入分析和掌握服刑人员资料的基础上，根据以上评估诊断和原因分析，拟定了咨询目标，并与服刑人员协商，在服刑人员同意的基础上确定了短期目标。

1. 目标A：倾听服刑人员的婚姻故事，了解其伴侣的资料，客观评价婚姻状态

干预措施：

首先对服刑人员的遭遇表示共情理解，给予温暖的精神支持。其次，可以运用Olson婚姻质量问卷（ENRICH）和Locke－Wollance婚姻调查问卷对

服刑人员的婚姻质量进行评估。最后咨询师围绕婚姻实质的三个要点（情爱、理解和相互依附），来搜集服刑人员对其婚姻关系产生疑虑的某些关键片断，判断出服刑人员的婚姻状态。

2. 目标B：找出服刑人员对其婚姻关系产生疑虑的原因，帮助其识别相关问题的不合理认知，与其共同理性分析

干预措施：

团体治疗方案。组建一个10～15人的开放式团体，成员中除了包括有婚姻疑虑的服刑人员外，也允许其他服刑人员加入。由咨询师引导大家针对“婚姻疑虑”这个主题进行分享：我现在对婚姻关系存在什么疑虑？为什么我会有这样的疑虑？这对我的狱中生活造成了什么影响……咨询师引导大家针对某一位参与者的问题进行讨论，发表自己看法或分享自己相似的经历，但切记要提醒大家注意在过程中不要用批评或指责的语气或言语。有婚姻疑虑的服刑人员可以在这个过程中发现这不是“我一个人的问题”，是“大家都经历过”的问题，可以感受到“和别人一样”的感觉，并促进所有团体成员在团体辅导的过程中经过观察、感受、参与、学习和体验，从而在对待婚姻疑虑方面采取新的态度与行为方式。在这个过程中，每个团员与其他团员，以及咨询师之间可以形成一个多层次的互动治疗关系，团体中的每个个体能从活动中获得真实的感受反馈，以及通过倾听和观察他人行为而间接学习的机会，并且可以得到与真实生活场景的相似性体验。

在团体治疗结束后，咨询师可以给成员布置家庭作业，让他们把对自身的新的认识做个总结，并重新审视自己的婚姻状态，把自己所得的启发用纸笔记录下来。咨询师在下一次进行心理辅导时与服刑人员共同讨论其家庭作业，对其积极改变的一面予以肯定和鼓励。

3. 目标C：找出服刑人员的不合理信念，帮助服刑人员察觉自己的不合理信念，与其不合理信念进行辩驳，帮助其建构合理信念的思维方式

干预措施：

（1）合理自我分析（RSA）。要求服刑人员以报告的形式写出A、B、C、D、E各项（A代表诱发事件；B代表不合理信念；C是由不合理信念导致的不良情绪和行为后果；D是指用合理的信念驳斥不合理信念的过程，借以改变原有信念；E是指驳斥成功，产生有效的治疗效果）。重点引导服刑人员与不合理的信念进行辩论，如：①你认为自己对妻子那么好，真的是“那么好”吗？你尽到了做丈夫的责任吗？你被判刑13年的现实，妻子能不面对吗？②你有理由要求妻子不变心吗？之后帮助服刑人员获得新观念：第一，没有理由约束妻子，她是自由的；第二，要像希望别人如何对我那样去对待别人，而不是我对别人怎样，别人必须对我怎样；第三，虽然爱是一种权利，但夫妻双方能否白头偕老，并不是随一个人的意志而转移的。生活中有很多变化

的因素，一切看缘分吧。

（2）与不合理信念辩论。在婚姻疑虑中，常见的不合理信念包括绝对化的要求和过分概括化。绝对化的要求是指个体以自己的意愿为出发点，对某一事物怀有认为其必定会发生或不会发生这样的信念。过分概括化是一种以偏概全、以一概十的不合理思维方式的表现。

①“产婆术”的辩论技术。“产婆术”的辩论技术是合理情绪疗法，是最常用、最具特色的与不合理信念辩论的方法，它来源于古希腊哲学家苏格拉底的辩证法。苏格拉底的方法是让你先表达自己的观点，然后依照你的观点逻辑进行推理，最后引出谬误，从而让你意识到自己之前认知中不合理或者矛盾的地方，并主动加以矫正。这种方法主要是通过咨询师积极主动的提问来实施的，咨询师的提问具有明显的质疑性和挑战性，提问内容紧紧围绕着服刑人员信念中的非理性特征。②黄金规则与反黄金规则。当服刑人员对周围的人或环境存在不合理信念时，咨询师可使用“黄金规则”来辩驳服刑人员对他人或周围环境的绝对化要求。

在实际运用中，“产婆术”辩论技术与黄金规则往往结合起来使用，下面将通过一个咨询片段进行示例：

咨询师：你认为你爱你妻子，你妻子也必须爱你，像你爱她一样爱你？

服刑人员：对，这是她应尽的义务！

咨询师：是不是所有的婚姻都像你这样说的，丈夫一心为了妻子，妻子就一定会爱自己的丈夫呢？

服刑人员：（沉默）是的，就应该这样的！

咨询师：你看能不能这样说，丈夫爱妻子，妻子就一定要爱丈夫，现实中就应该没有离婚这事！

服刑人员：这……好像不能，我们监区就有不少离婚的！

咨询师：他们是因为什么离婚的？

服刑人员：还不是因为老婆不爱他们了才离的婚！

咨询师：噢，是因为他们的老婆不爱他们才离的婚！（重复技术）

服刑人员：（沉默）其实我前妻，当时离婚的时候对我也不错！

咨询师：是啊，那你们为什么离婚呢？

服刑人员：（沉默）因为……因为我不爱她了！

咨询师：你不爱她了，选择了离婚！你并没有因为她爱你不离婚啊！你可以希望现在的妻子爱你，事实上很多人都有这样的希望，但人的感情是会变的！你可以要求自己，但无法保证别人也像你一样！

服刑人员：的确无法保证，感情这东西是变幻莫测的！

咨询师：你看，这件事和你前妻的问题虽然情况不同，但本质上是一样的。“己所不欲，勿施于人”，我们谁也无权要求别人必须为我们做什么！

服刑人员：嗯，是这样的！

咨询师：这在心理学上叫作“绝对化的要求”，是一种不合理信念！

服刑人员：那我该怎么办呢？

咨询师：有一个关于人际交往的“黄金规则”，就是“像你希望别人如何对待你那样去对待别人”，你刚才对你妻子那种观念符合这个规则吗？

服刑人员：……

咨询师：其实你把这个规则用反了，成了：我如何对待别人，别人也必须如何对待我！这是一种绝对化的要求，是一种不合理的信念，因为我们无法要求别人必须为我们做什么！一旦这种要求难以实现，你通常会对别人产生怨恨甚至敌对情绪！

服刑人员：嗯，的确是这样！

咨询师：现在你对你妻子提出的离婚这事怎么看？

服刑人员：我虽然希望让她还爱我，但是她也有选择的权利。何况现在还在服刑，要求她必须等我是不现实的，我会好好等接见的时候认真和她谈谈，我尊重她的选择。

……

（以上案例摘自教育期刊网的《一例服刑人员一般心理问题的咨询报告》）

4. 目标D：学会合理地表达和宣泄自己的情绪

干预措施：

（1）写日记。记录近期改造生活中产生的不良情绪，自己是如何应对处理的，对生活造成了什么影响。咨询师要与服刑人员共同探讨日记记录情况，了解服刑人员的情绪反应和处理效果。记日记可贯穿几次咨询过程，从日记中可以反映服刑人员的进步，如不良情绪的发生次数减少，开始使用积极的方式应对不良情绪等，对其进步之处予以肯定和鼓励。

（2）疏泄疗法。当与服刑人员建立良好的咨询关系后，可以实施疏泄疗法。服刑人员有强烈的倾述交谈愿望，通过与心理咨询师进行交谈，将一直以来积压在心中的情绪和事件倾诉出来，使服刑人员觉得获得充分理解、同情和安慰。

（3）“空椅子”技术。这是格式塔学派常用的一种技术，是完形治疗法中著名而有影响的、最为简单易行而使用于心理辅导的技术。其目的是帮助服刑人员全面觉察发生在自己周围的事情，分析体验自己和他人的情感，帮助他们朝着统整、坦诚以及更富有生命力的存在迈进。在咨询室里，在服刑人员面前摆一张空椅子，让其想象一个人坐在上面，让他把内心中的委屈、怨恨等说出来。

(4) 呼吸放松——“吸哈功”。吸哈功是简单易行的呼吸运动，由中医“六字功”转化而来，主要通过深呼吸和发生“哈”“嘻”“呵”“舒”等声音来调整情绪。

(5) 深呼吸放松法。针对服刑人员焦虑、紧张的情绪，引导服刑人员进行为时两分钟的深呼吸放松训练。

(6) 自我心理暗示法。教服刑人员学会积极自我心理暗示，当感觉焦虑时内心默念：“我很放松，很平静!”

5. 目标E：提高服刑人员的睡眠质量，减少失眠的发生频率

干预措施：

(1) 讲授紧张焦虑和肌肉放松的关系等相关知识，帮助其认知紧张焦虑和放松是可以经过训练加以控制的。

(2) 渐进性肌肉放松法。运用专门的带教CD，使服刑人员掌握渐进性的肌肉放松方法，体验肌肉紧张与放松的感觉。鼓励其反复地进行练习，当在无法入睡时用该方法进行全身放松，帮助睡眠。

(3) 音乐疗法。音乐有助于诱导快速、兴奋或紊乱的脑电波向慢波转化，促使脑神经放松。可以播放放松、平静、曲调较为平缓的纯音乐曲目，如《摇篮曲》《小桥流水》《蕉窗夜雨》《闲居吟》等。

6. 目标F：减少服刑人员过于集中注意婚姻、伴侣方面所花费的时间，避免过多关注伴侣

干预措施：

(1) 评估服刑人员原先拥有的有助于康复的积极资源，如文娱爱好等。

(2) 学会转移注意力，当体验到焦虑情绪的时候，把注意力转移到其他事情上。如看幽默笑话书籍、与他人聊天等，转移注意力，调节情绪。

(3) 利用空余时间阅读监区为服刑人员订阅的《心理健康》杂志。

(4) 向服刑人员介绍森田疗法的原理，与其一起制订每天的时间管理计划，为其安排劳动、阅读、音乐欣赏、美术、散步、养花、养鱼等多种活动，以适可而止为宜。

7. 目标G：提高服刑人员的自信心，建立积极乐观的生活态度

干预措施：

音乐团体治疗。音乐团体小组以8～15人为宜，治疗师可以控制好活动的整体局面，关注到每位团体成员的表现。治疗活动前，治疗师应要求所有成员围成一圈坐好，治疗师也参与其中，使每位成员和治疗师都处在一个平等的位置上。

团体成员之间所产生的情感联系是音乐团体治疗的一个重要功能，治疗师运用这个功能，可以鼓励成员自由地选择即兴乐器来开放地表达自己认可

或否定的情绪感受，给予成员情感的支持并接受他们的不同。

音乐团体治疗干预方案的制订及操作：每次 90 ~ 120 分钟，每周两次，共 10 次。由一名主治疗师作为主导，一名副治疗师进行辅助，一名助手和多名干警从多方面进行观察和记录。

（1）活动场所和设备。

活动场所：音乐团体治疗活动可选择监狱的多功能厅进行，有适当的空间开展各类活动，适宜运动的木质地板便于活动。房间宽敞明亮，光线充足，温度适宜，有益于保持愉快的心情。

设备：

节奏性打击乐器：鼓（手鼓、铃鼓、中鼓）。

木质打击乐器：打棒、木鱼、响板、双响筒。

金属打击乐器：三角铁、碰铃、云锣、小擦。

散响乐器：手铃、铃圈、沙捶。

旋律性打击乐器：钢片琴。

还有活动中使用的 CD、多媒体电脑、投影及音响设备。

（2）音乐团体治疗活动的内容设计。

节奏训练是指以自身身体为乐器，通过动作挖掘人与生俱有的节奏感，体验和发展人更加敏锐的节奏感。在音乐团体治疗活动的一些内容设计上，采用节奏训练与音乐相结合，旨在达到拉近团员之间距离、增强团体融合、培养团队意识、促进团体建立的目的。

声势是指用自身身体作为乐器，通过身体动作来发出声响。它的基本形式包括拍手、跺脚、捻指、拍腿等。在活动的设计中，加入声势训练的形式，旨在达到宣泄情绪、容纳他人、增加团员之间互动、提高团员参与的热情、促进身体和心理放松的目的。

具体内容如表 4 – 1 所示。

表 4 – 1　音乐团体治疗活动内容

活动的次数	活动内容安排	活动目的
预备课	1. 向团员做自我介绍，简单说明系列活动的内容安排及团体规则 2. 使用简单明了的用语，将音乐治疗和音乐团体治疗的基本原理，以及音乐对人的影响作为音乐小知识进行讲解 3. 团员的相识和音乐律动活动	了解团体规则、音乐治疗活动的原理，带着问题和对团体的期望参与音乐团体活动，通过团员相互间自我介绍，减少陌生感

（续上表）

活动的次数	活动内容安排	活动目的
第一次	1. 带有节奏感的形式多样的自我介绍（包括改编歌词、节奏控制等） 2. 一个八拍的身体律动 3. 扑克牌节奏训练 4. 音乐放松结束 5. 团体总结，分享讨论	1. 拉近团员之间的距离，增强熟悉感 2. 促进团员身体和心理的放松，消除顾虑、拘束和恐惧，建立安全感 3. 通过分享讨论，建立团体共识
第二次	1. 两个八拍的身体律动 2. 团体互动律动 3. 扑克牌团体互动 4. 音乐放松结束 5. 团体总结，分享讨论	1. 进一步增强团员之间的熟悉度，以催化性的活动整合团员参与活动的动机 2. 通过分享讨论，建立团体共识
第三次	1. 器乐呼应 2. 打击乐团体即兴 3. 音乐放松结束 4. 团体总结，分享讨论	1. 进一步建立团体，增强彼此的信任感，促进团员自我肯定，体验被尊敬的感觉 2. 试着相互沟通，相互接纳，容纳他人对自己的评价，感受团队合作的重要性
第四次	1. 松鼠大树 2. 打击乐即兴：认识你自己 3. 音乐放松结束 4. 团体总结，分享讨论	1. 宣泄情感，重新认识自己、审视自己 2. 学习情绪的表达和管理，学会自我肯定和容纳他人 3. 增强彼此间的信任，加强团员直接相互的沟通、接纳
第五次	1. 渐进式肌肉放松《听海篇》 2. 音乐手语操，学习《不要认为自己没有用》 3. 团体总结，分享讨论	1. 放松身心，释放情绪情感，重新认识自我 2. 手语操与唱歌相结合，自我激励 3. 学会面对困难、面对现实，适应新环境下的学习生活，增强自信心，勇敢面对人生
第六次	1. 水果蹲 2. 心灵探索 3. 音乐手语操，学习《不要认为自己没有用》 4. 团体总结，分享讨论	1. 改善不良的人际交往方式，建立彼此间的友谊与信赖 2. 心灵探索，促使团员对自己进行更深层次和更全面的认识，提高自觉能力、自我管理能力，调节情绪情感，挖掘一些深层次的自我认识，让团员之间分享感受

（续上表）

活动的次数	活动内容安排	活动目的
第七次	1. 器乐即兴 2. 引导性音乐想象 3. 音乐手语操，学习《不要认为自己没有用》 4. 团体总结，分享讨论	1. 用器乐投射情感，宣泄情绪 2. 团员之间相互感受，让情绪情感得到交流、共鸣 3. 利用音乐加导语的形式引导团员进行心灵的探索，对内心进行一次反省 4. 认识自己，表达自己，促进潜意识活动的释放，提高自我认知，促进心灵的成长 5. 增强自信心，自我暗示，提高适应能力，改变处世态度
第八次	1. 主动式音乐聆听 2. 规划人生 3. 音乐手语操复习 4. 团体总结，分享讨论	1. 增强自信心，提升面对困难的勇气。反省自己，重新认识自己 2. 规划人生，坚定信念，巩固干预成果
结束课	1. 笑迎未来 2. 配乐诗歌朗诵 3. 音乐手语操汇报演出 4. 团体告别结束	激起面对现实的勇气，以积极的心态面对今后的人生。团员之间互相赠送祝福，表达彼此的信任和鼓励，引导其转向对未来的积极期望。团体活动在良好的氛围中结束

（3）音乐团体活动过程阶段。

按照音乐治疗团体发展阶段的设计，本实验将团体活动过程分为五个阶段。

①音乐治疗团体的准备阶段。此阶段主要是向团员介绍整个音乐团体治疗活动的基本情况，同时宣布音乐团体治疗活动的基本纪律，并提出参与团体治疗活动的要求：第一，在音乐团体活动中出现的问题都应在活动中解决，不能带到活动之外；第二，团员应积极参与各项活动，无特殊情况不得中途随意退出；第三，团员一起活动时应避免伤害性的语言和行为；第四，每位团员都应力求做到真实。同时进行一次预实验，观察和分析团员对活动的参与度以及对活动内容的评价，为正式开始的团体治疗活动方案做出指导和修正。

②音乐治疗团体的创建阶段。这一阶段相当于音乐治疗团体初始建立的时期。这一阶段的主要任务是协助团员提高相互间的熟悉度，增加团员之间

的相互了解，确立音乐团体的共同目标，促进各位团员间的交流，建立安全和信任的团体氛围，促进团队的融合。随着活动的深入，团员彼此之间的距离逐渐拉近。引导团员愿意表达自己的想法，放开自己，使团体的凝聚力和信任感逐渐形成。

在此过程中也可能会出现一些问题，如有些团员会表现出看戏的心理，等待别人表达；有些团员会表现出害怕或者不屑的心理，表示难以信任别人；有些团员会表现出对活动和其他人抗拒的心理。作为音乐团体治疗活动的组织者，此时最主要的任务是控制整个治疗活动的局面，鼓励团员尽量表达自己，给予大家一个宽松的活动环境，激励团员逐渐融入到团队中。这个阶段的组织者占据主动位置，更多地帮助和引导团员促进整个团队的建立。

③音乐治疗团体的过渡阶段。此阶段也称音乐治疗团体的凝聚阶段。随着彼此间逐渐熟悉后，团员对自我的察觉开始提升，容易在活动中表现出抗拒、焦虑、自我防卫等行为，矛盾心理也比较普遍。一方面，他们会担心自己不被他人接纳，不愿过多表达自己；另一方面，他们也想参与其中，表达自己的心声。组织者在这一阶段中，需要做到沉着面对各种突发的情况，主动关心和鼓励每一位团员。协助团员认识自我防御的行为方式及应对冲突的方法，重新审视自己。学习接纳自己和他人，建立支持和接纳的氛围，鼓励团员之间相互理解、逐步信任，进一步促进团队融合。

④音乐治疗团体的发展阶段。这一阶段是音乐团体治疗活动的关键阶段。团体逐渐进入到平稳的状态中。团员之间彼此互动的积极性增强，对彼此的尊重和接纳程度也有所增强，团员之间可以做到愿意放开自我、表达自我，同时也能够重新审视自我、思考自我。逐渐能够利用团体的力量解决自己的问题，团队的凝聚力和安全感已经建立。团员之间相互帮助与配合，互相分享彼此的感受。组织者在这一阶段需要进一步鼓励团员在团体中相互学习，共同成长。从个人的态度、感受和行为当中深化对自我的认识。将领悟作用于行动，促进团员之间相互支持、信任和帮助，鼓励成员尝试新的行为方式，提高认知能力。

⑤音乐治疗团体的巩固及结束阶段。这一阶段是音乐团体治疗活动的提升阶段。这一阶段的主要任务是整理、总结及告别。梳理整个音乐团体活动对每个成员的作用、影响以及从中获得的成长，将所有的收获引入到接下来的监狱生活中。总结整体活动进行的情况，每位团员对自己的感受进行分享。处理团员面对分离的情绪，将在音乐团体治疗活动中所有感悟和学到的知识、本领运用到生活中去，不断延伸自己的成长阶梯。

（4）音乐团体治疗活动的主要内容。

每次活动方案主要包括四个方面的内容。

①热身活动。热身活动是每次音乐团体治疗活动的开端，运用音乐、游

戏、律动等方式来达到活跃气氛、拉近距离的目的，为接下来进行的主题活动做铺垫。活动中采用的方式主要包括音乐节奏身体律动、音乐团体互动律动、音乐放松、器乐呼应、音乐小游戏、打击乐模仿传递等。

②主题活动。主题活动是每次音乐团体治疗活动的基础。根据每次活动进程的需要和团体的不同阶段，使用不同的音乐治疗技术。采用的方式主要包括既可节奏小训练、团体节奏互动、音乐想象、渐进式肌肉放松、观图击乐、团体即兴小合奏等。

③分享与讨论。分享与讨论是每次音乐团体治疗活动的核心。活动结束后团员既可相互分享在活动中的感受或体验，也可讲述自己的经历，向其他成员表达共情，以达到互相支持、共同成长的目的。治疗师会鼓励团员畅所欲言，通过自己的力量发现问题、分析问题、解决问题，从团队中获得成长。

④结束总结。治疗师在活动结束前，一方面要对本次活动做出总结，使团员明确本次活动是否达到预期的目标；另一方面要对团员的表现进行总结，以鼓励性的话语结束活动，为下次活动预设引子，保持团体对团员的吸引力，增加团员对下次活动的期待。

（三）效果评估

1. 咨询师评估

经过回访和跟踪，发现对该服刑人员的咨询收到了良好效果，初步达到预期的目的，基本消除了服刑人员的焦虑、愤怒、失落等情绪，躯体症状明显改善。服刑人员认识到自己的错误观念，能较客观实际地评价目前发生的事情，能积极投入到改造中去，在一定程度上促进了心理的健康。

2. 服刑人员自我评估

服刑人员反馈：自身对负面情绪和不合理观念有所认识，开始正确面对妻子离家出走等事件，希望自己能积极劳动，早日减刑，回到家中照顾好老人和自己的孩子。

3. 服刑人员的社会功能

目前服刑人员的状况较以前有明显改善，睡眠得到改善，现在已积极配合完成疾病治疗，能够全身心投入到服刑改造中去，对改造有一定的信心。

4. 服刑人员躯体症状的改善

经观察，服刑人员情绪明显好转，精神状态良好，食欲、睡眠、学习、劳动基本恢复正常。

5. 干警评估

干警反映该服刑人员多次前来辅导，能明显感到其精神方面逐渐好转，愿意主动找干警汇报思想，在群体中逐渐恢复了交往，争吵事件减少。

阅读材料

一次女王接待王公贵族，忙于公务的女王明显怠慢了自己的丈夫，丈夫独自回到卧室，闭门不出，女王意识到了，去敲门。

丈夫问："谁?"

维多利亚傲然答道："女王。"

里边既不开门，又无声息。

她只好再次敲门，里边又问："谁?"

"维多利亚。"

还是没有动静，女王只得再敲。

"谁?"

女王柔声回答："你的妻。"

这一次，门立即开了。

这个故事提醒人们：人与人之间是需要互相尊重的，夫妻之间也是一样的，贵为女王的维多利亚，也不能忽视自己的丈夫，在人格上他们是平等的。

第二节　财物分配纠纷

阅读材料

男方何某与女方李某均有过婚史。2013 年 2 月，双方在贵州务工时经人介绍认识不久后同居。年底回男方老家民政局办理了结婚登记手续，婚后未生育小孩。由于原被告均系二婚，双方均有子女抚养，且又是异地夫妻，婚后双方矛盾增多。再加上 2014 年 7 月被告何某在浙江因抢劫罪被捕入狱，导致夫妻感情彻底破裂。于是原告李某诉诸法院，要求离婚。

开庭时，当法官问及何某对于离婚的意愿时，他表示可以离婚。他也知道，自己在监狱里服刑，对于家庭是个拖累。但自己还有几个月就出狱，如果女方愿意在分割夫妻共同财产时照顾自己，让自己出去有个谋生的本钱，就同意离婚。对此，原告表示同意，最后双方当事人在法官的主持下达成了调解协议，共同财产东风小康汽车和一万元存款归何某所有，一台笔记本电脑、一部手机和金戒指、金项链、金耳环归原告李某所有，双方当即在监狱里签了离婚调解协议，各自开始新生活。

一、问题与成因

财产分配是每对夫妇分手时都会面对的问题，它影响着双方离婚后的生活。所以，财产分配过程所导致的心理问题，值得我们重视。

二、表现与评估

1. 心理表现

情绪极其低落；自责、内疚、焦虑、易激惹；注意力不集中、痛苦，甚至出现偏激想法；谈话过程中总是围绕着配偶和家庭等。

2. 行为表现

失眠、食欲下降；爱独处，不想与人交流；行为举止正常。

3. 心理评估量表

在评估测量方面，可以采用焦虑自评量表（SAS）、汉密尔顿焦虑量表（HAMA）等来评定服刑人员广泛性的焦虑等级。对于焦虑可能伴随抑郁情绪的个体，还可采用汉密尔顿抑郁量表（HAMD）来对其抑郁情况进行判断和排查，从而有针对性地进行辅导和帮助。

三、辅导方法

（一）长期目标

（1）稳定来访者的情绪情感反应。

（2）控制与管理不良行为反应。

（3）促进社会功能的恢复。

（4）消除持续的精神痛苦体验。

（5）勇敢面对、体谅或接受创伤时间的伤害。

（二）短期目标及干预措施

1. 目标A：鼓励服刑人员将郁闷、孤独、烦恼、悲伤、愤怒等消极情绪宣泄出来

干预措施：

（1）通过倾听、理解、共情，与服刑人员建立良好的咨询关系，鼓励服刑人员说出失恋这一事件，使压抑的情绪得以抒发。可以在无人的时候大哭一场，或通过书写、记录等形式进行发泄；也可以从体育锻炼中释放负面情绪。

（2）从离婚的叙述中对服刑人员的经历、冲突的原因、家庭背景、人格类型、应对方式、防御机制等有关情况进行评估。

2. 目标B：鼓励接受离婚这一事实，预防伤人或报复行为

（1）使用空椅子技术或角色扮演技术，让服刑人员平静地与“恋人”进

行对话，并口头表达对对方的理解和原谅以及对未来的祝福，并与“恋人”进行告别，实现内心情感的分离。

（2）允许自己在某一时刻想起恋人或产生难过的情绪，接受这一记忆和情绪；但不要过分去打听对方的近况。

（3）如发现服刑人员对原来的恋人存在较强的怨恨或愤怒情绪，需先明确服刑人员是否已有相应的报复计划，并采用空椅子技术、打沙包等方式，来协助服刑人员将愤怒的情绪发泄出来，及时消除报复的情绪。

3. 目标C：缓解由于失恋引起的失眠等身体健康问题

（1）确认服刑人员分手后才出现的入睡困难、睡眠时间减少、早醒、醒后无法再入眠、易惊醒、做噩梦等，告知心理应激是如何转化为躯体化表现的机理，让其明白改变认知和放弃情感的执着对改善躯体症状的作用，而不要以为自己的身体被失恋所压垮。此时可以采用合理情绪疗法。

对于服刑人员对离婚怀有不合理认识和评价所引起的焦虑等不良情绪的，可使用合理情绪疗法来帮助其改善乏力、头晕、白天注意力无法集中和失眠等症状。

合理情绪疗法认为，不合理信念包括绝对化的要求、过分概括化和糟糕至极。绝对化的要求是指：个体以自己的意愿为出发点，对某一事物怀有认为其必定会发生或不会发生这样的信念。过分概括化是一种以偏概全、以一概十的不合理思维方式的表现。糟糕至极是一种认为一件不好的事情发生将是非常可怕、非常糟糕的，是一场灾难的想法。

①诊断阶段。咨询师按心理咨询的原则，从了解服刑人员的基本生活状况入手，进行摄入性谈话。运用尊重、共情、真诚等技能建立良好的咨询关系，搜集相关信息资料，对服刑人员做初步分析，对心理问题进行诊断，与其共同协商确立可行性咨询目标。

在这一阶段，咨询师的主要任务是根据ABC理论对服刑人员的问题进行初步分析和诊断，通过与服刑人员交谈，找出其情绪困扰和行为不适的具体表现（C），以及与这些反应相对应的诱发性事件（A），并对两者之间的不合理信念（B）进行初步分析。

②领悟阶段。帮助服刑人员领悟合理情绪疗法的原理，使服刑人员明白，引起其情绪困扰的不是外界发生的事件，而是他对事件的态度、看法、评价等认知内容，是信念引起的情绪及行为后果而不是诱发事件本身。

帮助服刑人员领悟，引起情绪困扰的认知恰恰是服刑人员自己的认知，因此情绪困扰的原因与服刑人员自己有关，因此他们应对自己的情绪和行为反应负责任。

改变情绪困扰，不是致力于改变外界事件，而是应该改变认识。通过改变认知，进而改变情绪。只有改变不合理信念，才能减轻或消除求助者目前存在的各种症状。

③修通阶段。此阶段是合理情绪疗法的最主要阶段。咨询师通过积极主动的提问，帮助服刑人员修正或放弃原有的非理性观念，并代之合理的信念，从而使症状得以减轻或消除。

④再教育阶段。再教育阶段主要是为了巩固阶段性矫治成果，进一步帮助其摆脱原有的不合理信念及思维模式，使新的观念得以强化，从而使他在咨询结束后，仍能用所学到的知识应对生活中遇到的问题，更好地适应现实，改造生活。

（2）必要时可以配合使用一些镇静安眠药，也可采用深呼吸放松、肌肉放松、想象放松技术辅助睡眠，逐步恢复正常的作息规律。

有的服刑人员在面对离婚问题时会表现得焦躁不安，有焦虑或者抑郁的情况发生，不能放松自己。此时可以运用放松训练技术来帮助他们放松，改善情绪。

放松训练可以用于应付恐惧、焦虑和紧张。目前最流行的是渐进式或系统式放松技术，这种方法是教服刑人员先紧张而后放松全身的肌肉。该训练可帮助区别紧张与放松的状态，这样他们可以在引起紧张的任何环境中放松。

下面介绍一种系统式放松技术：渐进肌肉放松法。

渐进肌肉放松法是一种通过从上至下有意识地交替紧张和松弛肌肉群，以放松神经和肌肉，消除紧张、焦虑、恐惧为目的的放松技术。

肌肉放松训练的顺序可以按照手臂部—头部—躯干部—腿部进行，肌肉放松训练最好每天进行 1～2 次，每次 15～30 分钟。最适合的是早、晚各 1 次。

操作要领：先找个舒适的位置坐下或躺下，然后用基本调节呼吸法，使精神达到放松且集中的状态。

①手部的松紧。第一部分先进行手部肌肉的练习，将手握成拳头状，尽量握紧、握紧，这时候可以感受到手有震动的现象。然后持续 5～10 秒，再把拳头缓缓地松开、松开、松开……让手部的肌肉尽量放松。在拳头握紧的时候，集中你的注意力去体验肌肉放松的感觉。再重复手部肌肉拉紧、放松的步骤两次。

②手臂的松紧。双手紧握成拳头状态，然后双手及前臂向上弯曲，让手臂向上的肌肉出现紧张的状态，手腕尽量贴近肩膀，用力保持这种手臂拉紧的状态 5～10 秒，然后把双手慢慢放下来，把注意力集中在整个拉紧的和放松的感觉。放松约 10 秒之后，再重复该步骤一次。

③肩膀的松紧。用力使肩膀向上提，尽量让肩膀贴近耳朵，用力、再用力，持续 5～10 秒之后，再让肩膀慢慢地自然垂下，尽量放松。放松 10 秒之后，再重复一次该步骤。

④颈部的松紧。颈部的松紧分前后两部分，首先将头尽量往后仰，让后颈部的肌肉出现紧张的状态，持续 5～10 秒，然后让头缓缓回到正常、正中、自然的位置，让后颈部的肌肉慢慢放松。接着练习前颈肌肉的松紧，把头尽量往胸部垂下，让下颚尽量接近胸前，持续这种紧张的状态 5～10 秒，再缓缓把头抬至正常、正中、自然的位置。感受松弛的感觉约 10 秒，再重复一次前后颈部松紧的步骤。

⑤脸部的松紧。脸部肌肉分额头、眼部、牙关节、嘴唇和舌头五个部分。

额头。把眼、眉尽量往上抬，让额头的肌肉保持紧张的状态，再恢复原状，感受额头的放松。

眼部。用力把两眼紧紧地闭起来，可以感受到眼部肌肉的紧张，5～10 秒后再慢慢放松。

牙关节。用力把牙关节咬紧，可以感受到牙关节肌肉紧张的状态，5～10 秒后再慢慢放松。

嘴唇。用力将上下嘴唇合在一起，就可以感受到嘴唇的紧张，5～10 秒后再慢慢放松。

舌头。用力将舌尖顶上颚，5～10 秒后再慢慢放松。

⑥胸部的松紧。吸一大口气，使胸部和肺部尽量扩张，就可以使前胸的肌肉紧张。

⑦腹部的松紧。将腹部向内收缩，即可感受到腹部肌肉紧张。

⑧背部的松紧。将两边肩膀向后压，胸部肌肉自然会向前挺起，这时背部肌肉也会感到紧张。

⑨腿部的松紧。先将双腿直直抬起，离开地面，脚底尽量向下压，这样小腿的肌肉就会感到紧张，持续 5～10 秒后，再慢慢将双腿放到地上；再将双腿直直抬高，离开地面，这次将脚底往上钩，持续 5～10 秒后，再放回地上。

肌肉渐进放松训练对于肌腱受损或慢性肌无力的人、糖尿病患者不合适。有学者认为，对于有严重创伤史的当事人，放松训练也是不合适的，因为他们需要保持某种程度的警觉以使自己感到安全。

（3）鼓励服刑人员多参加慢跑、打球等体育锻炼。

（三）效果评估

1. 咨询师评估

经过回访和跟踪，发现对该服刑人员的咨询收到了良好效果，初步达到预期的目的，基本消除了服刑人员的焦虑、愤怒、失落等情绪，躯体症状明显改善。服刑人员认识到自己的错误观念，能较客观实际地评价目前发生的事情，能积极投入到改造中去，在一定程度上促进了心理的健康。

2. 服刑人员自我评估

服刑人员反馈：自身对负面情绪和不合理观念有所认识，开始正确面对离婚时家庭财物分配等事件，希望自己能积极劳动，早日减刑，回到家中照顾好老人和自己的孩子。

3. 服刑人员的社会功能

目前服刑人员的状况较以前有明显改善，睡眠得到改善，现在已积极配合完成疾病治疗，能够全身心投入到服刑改造中去，对改造有一定的信心。

4. 服刑人员躯体症状的改善

经观察，服刑人员情绪明显好转，精神状态佳，吃饭、睡眠、学习、劳动基本恢复正常。

5. 干警评估

干警反映随着该服刑人员多次前来咨询，能明显感到其精神方面逐渐好转，愿意主动找干警汇报思想，在服刑人员群体中逐渐恢复了交往，争吵事件减少。

阅读材料

离婚财产分割的法律规定

一、《中华人民共和国婚姻法》相关条款

第三十九条　离婚时，夫妻的共同财产由双方协议处理；协议不成时，由人民法院根据财产的具体情况，照顾子女和女方权益的原则判决。夫或妻在家庭土地承包经营中享有的权益等，应当依法予以保护。

第四十一条　离婚时，原为夫妻共同生活所负的债务，应当共同偿还。共同财产不足清偿的，或财产归各自所有的，由双方协议清偿；协议不成时，由人民法院判决。

第四十二条　离婚时，如一方生活困难，另一方应从其住房等个人财产中给予适当帮助。具体办法由双方协议；协议不成时，由人民法院判决。

第四十七条　离婚时，一方隐藏、转移、变卖、毁损夫妻共同财产，或伪造债务企图侵占另一方财产的，分割夫妻共同财产时，对隐藏、转移、变卖、毁损夫妻共同财产或伪造债务的一方，可以少分或不分。离婚后，另一方发现有上述行为的，可以向人民法院提起诉讼，请求再次分割夫妻共同财产。人民法院对前款规定的妨害民事诉讼的行为，依照民事诉讼法的规定予以制裁。

二、最高人民法院《关于适用〈中华人民共和国婚姻法〉若干问题的解释》(一) 相关条款

第三十一条　当事人依据婚姻法第四十七条的规定向人民法院提起诉讼，请求再次分割夫妻共同财产的诉讼时效为两年，从当事人发现之次日起计算。

三、最高人民法院《关于适用〈中华人民共和国婚姻法〉若干问题的解释》（二）相关条款

第八条　离婚协议中关于财产分割的条款或者当事人因离婚就财产分割达成的协议，对男女双方具有法律约束力。

第九条　男女双方协议离婚后一年内就财产分割问题反悔，请求变更或者撤销财产分割协议的，人民法院应当受理。人民法院审理后，未发现订立财产分割协议时存在欺诈、胁迫等情形的，应当依法驳回当事人的诉讼请求。

第三节　夫妻关系破裂

一、问题与成因

干警在处理夫妻关系破裂问题的原则是既不提倡离婚，也不反对离婚。监狱是个执法行政部门，干警能做的是引导和分析，离与不离的决定权在当事人手中。离了，监狱会帮助处理子女抚养、财产分割等问题。干警的原则是不要影响改造。但在实际操作中，干警还是更倾向于扮演“和事佬”——对于刑期不长的服刑人员，干警在接见时会做双方调解工作，尤其是对有小孩的夫妻。

二、表现与评估

1. 心理表现

悲伤、失望、失落，少数人则表现为否认、麻木、冷漠、无表情或表情沮丧、内疚、自责、愤怒、易激怒，反复想和配偶离不离婚的事。

2. 行为表现

易疲倦、肌肉紧张或头、颈、背肌疼痛；食欲差、入睡困难、睡眠质量下降甚至失眠、头痛。注意力增强或不集中、精神涣散或注意力狭窄；不能把注意力和思想从危机事件上转移开来；缺乏自信、无法做决定、健忘。

3. 心理评估量表

对于因服刑人员导致的夫妻关系破裂，应先考察其婚姻基本状况，分析犯罪这个表象的背后因素，可采用 Olson 婚姻质量问卷（ENRICH）对服刑人员的婚姻基本状况进行了解，分析其婚姻存在的问题，引起自身思考。

三、辅导方法

（一）长期目标

鼓励服刑人员勇于面对现实，摆脱抑郁情绪，减少离婚对身体健康和日常生活的消极影响。放弃或停止自我伤害或报复他人的行为，心平气和、理智地分手。反思婚姻冲突与失败的原因，总结人生的经验。

（二）短期目标及干预措施

1. 目标A：倾听服刑人员的情感故事，评估服刑人员婚姻冲突的性质、类型和程度

干预措施：

（1）对服刑人员的遭遇表示共情理解，给予温暖的精神支持，积极关注来访者曾经付出的努力。可以运用Olson婚姻质量评估问卷（ENRICH）和Locke－Wollance婚姻调查问卷对服刑人员的婚姻质量进行评估，了解服刑人员咨询的目的是什么，夫妻冲突的主要缘由、性质和类型，有些人只是为了找人倾诉、宣泄痛苦；有些人则是因为夫妻冲突导致孩子的问题或自己的身体健康问题突显。

（2）引导服刑人员认识什么是婚姻，咨询婚姻关系的目的和意义，调动参与婚姻咨询的主动性和积极性。可以通过面质或提问与服刑人员讨论如下问题：也许离婚并不可悲，可悲的是自己并不知道婚姻失败的真正原因。冲突都是对方的过错吗？即使是对方有错，那么这些错误与你家庭角色扮演的失败有关吗？你有没有认识到，你们婚姻的失败与各自的成长史和家庭教养方式有关？婚姻危机其实也是一次难得的学习成长和重新选择人生的机会，问题是你能保证自己这次或以后的选择是正确的吗？

（3）在倾听服刑人员叙述时可以使用倾听技术。有的服刑人员在面对离婚问题时，需要能倾诉给别人听，这其实也就是宣泄情绪的一种途径。所以，“听众”良好的倾听行为对于服刑人员改善其状况有着比较大的作用。

倾听的重要性主要体现在：

①使当事人感到被接纳、被尊重和被理解。重述故事有可能使服刑人员产生新的顿悟，有助于我们了解服刑人员的经历、事实、态度和感受。

②倾听是咨询的基础，是咨询关系的纽带。通过倾听，干预者和服刑人员之间可以达到共情，缩短距离，达到被理解的目的。否则，容易导致人际冲突，产生严重的失落感。

倾听的基本要求包括四点：

①与服刑人员并非正面对正面，关键是你要将身体朝向服刑人员，能够告诉服刑人员，你正与他同在。这是一种表示投入的姿态。开放的身体姿态是一种显示接纳服刑人员的态度。

②身体稍向前倾。我们经常可以看到两个进行亲密交谈的人上身自然地向对方倾斜。它是一种体现关切的交流手段，表达了你正全身心地投入到服刑人员所关心的问题上来。

③保持良好的目光接触。眼睛是心灵的窗户，可传达对服刑人员的关切、支持与重视。

④身体姿势放松。自然放松意味着表情大方自然、泰然自若。这不仅使你自然、更有信心，也有助于服刑人员保持轻松状态。

倾听并非仅仅是用耳朵听，更重要的是用头脑、用眼睛、用心灵去听。用耳朵去听服刑人员说话及其语调，用头脑去领会话语中潜在的信息，用眼睛去观察服刑人员的手势、身体姿势等行为表现，用心灵设身处地去感受。

倾听不仅是听，还要有参与，有适当的反应。反应既可以是言语性的，也可以是非言语性的。倾听，更重要的是理解服刑人员所传达的内容和感受。不排斥、不歧视，把自己放在服刑人员的位置上来思考，鼓励其宣泄，帮助其澄清自己的想法。

2. 目标B：正确认识和处理不可避免的婚姻解体

干预措施：

（1）引导服刑人员明白失败的原因，进行正确归因。总结经验和教训，防止将仇恨、怨气扩大化。避免将不良情绪和不良的应对方式带进未来的生活中。

（2）帮助服刑人员建立自立自强、自珍自爱的人生观。克服在情感、经济和生活能力等方面对原配偶依赖的阴影，树立继续生活的自信心，提高抗挫折和适应生活变化的能力。

（3）引导服刑人员学会调节情绪，理性思维，合理分割财产，维护自己的合法权益，妥善处理子女教养费用的分担等问题。

（4）正确看待和评价离婚对孩子的影响。一般认为，父母离异对孩子的影响是有限的。如果孩子跟随生活的父亲或母亲尽职尽责的话，单亲家庭的孩子反而会更加独立自主，更加勤奋努力。

3. 目标C：防止自伤或自杀事件的发生

干预措施：

（1）对服刑人员的自杀意念进行危险性评估，包括自杀意念的动机、具体计划、自杀方式；也可以用Beck自杀意念量表进行辅助评估。

（2）视情况直接与服刑人员谈论自杀这一话题，并探寻解决目前困境的建设性方法。如果服刑人员简单地忽视或否认自杀意念，反而应该警惕其可能隐藏着自杀的想法。

（3）与有自杀意念的服刑人员讨论其家人、朋友对他或她的关心，其未实现的梦想和愿景，并引导服刑人员口头表达对未来的希望和不采取自伤和自杀的行为。

（4）防止将失恋的原因全部归咎到自己而自责。对此，心理咨询师应该鼓励：“这不是你的错，你已经尽力挽回这段感情了。”

（5）如果服刑人员曾制订过自杀的计划，则需对其进行24小时的严密监护。自杀是一个人在遇到困难又还没有找到解决方法时的一种临时想法，是思维的一种过渡，是方法的考虑，而不是目的，通过努力总可以找到更好解决困难的方法。

社会目前普遍存在一种对自杀未遂者的误解，认为自杀未遂者是从鬼门关走过一次的人。体验过死亡的痛苦，再次自杀的可能性极小。事实相反，尝试过自杀的人往往会再次进行，并且由于有过尝试的体验，再次自杀的成功率也大幅上升。对此我们可以采取以下方法：

（1）临床治疗。接触自杀未遂者后，应首先使其远离可能助其再次自杀的物品，将刀具、药物、布带等保管好，避免与其接触，特别是曾经使用过的自杀工具。

再次是善意地咨询自杀意图。实践证明直接询问并不会刺激服刑人员再度自杀，反而可以清楚地了解他的自杀计划与倾向程度。充分表达理解与关心，密切关注服刑人员的行为与心理、情绪变化，建立观察档案，按时记录。特别是要提防假象性好转，有些未遂者会故意显示出对再度自杀的厌倦、放弃，但这可能是为了减弱看护者的警觉以便于再度自杀。对有再次自杀企图的要重点看护，保证有人陪伴，不使其离开看护者的视线。

（2）心理治疗。选择自杀的人多在心理上有创伤或存在认知偏差，相当一部分可能有不同程度的抑郁。在接触自杀未遂者时，切忌批评其行为，指责他们轻生的做法，而应保持冷静和耐心，真诚地倾听，使其情绪得以发泄，以降低自杀风险。在倾听、询问过程中注意以下几个方面：

第一，客观地提问。干预者要秉承价值中立，完全地接受服刑人员的价值观、感受，不可用个人的或者社会的价值标准来评判服刑人员的思想与行为。真诚、中立地帮助服刑人员澄清事实，理性地分析问题所在，客观直接地指出服刑人员在问题陈述中的认知偏差。如不是一切都太晚了，现在开始做有些事情就不晚，还有很多事情等着你去做。讨论自杀后果与感受，可以与自杀者一起阅读自杀遗言，在分析思维紊乱、责备、伤害、愤怒等消极心态的同时，给予情感的同情与支持。

第二，启发服刑人员进行发散性思维，丢掉不切实际的想法，从最容易解决的问题入手。每当服刑人员提出一个新的想法或解决了一个问题时，要及时地赞许、鼓励，引导服刑人员寻求解决问题的办法、学习问题解决的技巧和心理应对方式。鼓励服刑人员重新开始，制订建设性方案。可以与服刑人员讨论他的家庭、朋友，一起回忆曾经的快乐事情，激发他对亲友的牵挂、责任感。一起想象如果自杀成功后亲友的情绪反应，坦诚地告诉他自杀行为给关心他的人带来的伤害，让他意识到有人关心、需要他，他会得到他人的支持与爱护。

第三，如果服刑人员出现自杀或者企图自杀时，使用危机干预技术收效会比较明显。自杀者通常认为没有人关心他们，没有人理解他们，没有人可以帮助他们，因此对自杀行为的干预，是减少自杀行为的最直接有效、必不可少的方法。

针对自杀的心理过程，一般将自杀的防御分为三级预防形式：一级预防，主要是预防个体自杀意念的产生；二级预防，主要是对处于有自杀意念的人进行及早干预帮助；三级预防，是对自杀未遂者进行积极治疗，防止其再次自杀。

在进行系统的干预之前，为了明确工作目标，干预者首先要思考一下问题：当事人遇到的挫折或问题是什么？是什么导致了他有自杀的倾向？他的精神、情绪状况怎么样？能给予的帮助是什么？自己可利用的资源有哪些？应如何帮助他？

自杀行为危机干预的形式可分为个体心理危机干预和团体心理危机干预。一般来说，自杀行为出现后，受此刺激者出现严重应激反应症状时，需要“一对一”的个体心理干预，旨在解决创伤带来的心理变化、行为异常和相应的躯体症状。鼓励个体充分表达自己的思想和情感，鼓励其自信心和正确的自我评价，并防止发展成慢性的精神病理状态，如抑郁症等。而当事件影响层面广，“一对一”方式无法全部采用，则此时团体辅导可以最大范围地帮助受事件影响的人员，并帮助他们建立有效的社会支持系统，是一种经济、高效的干预形式。通过团体内人际交互作用，不仅可以促使个人在人际交往中观察、学习、体验，认识自我、分析自我、接纳自我，而且有助于改善和调整人际关系，学习新的态度与行为方式，从而发展良好的生活适应。

危机干预的模式：

(1) 情绪平衡模式。干预重点放在稳定当事人情绪，是他们重新获得危机前的平衡状态。此模式强调充分的沟通与交流以及强有力的支持，适宜采用倾听、放松、宣泄、解释、环境改变，必要时可采取药物镇静等方式，为当事人营造无条件接纳与关怀的支持性气氛。鼓励其直面现实，学习表述最原始、最痛苦的细节以及感受，消除恐惧，使其走出休克、麻木的误区。情绪平衡模式可以成功阻断诱发精神疾病的因素，适用于心理危机干预的早期阶段。

(2) 认知模式。此模式主张通过练习和实践积极地自我认识，帮助当事人认识到其认知中的非理性和自我否定部分的错误，重新获得理性思考，承担起应该承担的责任。这一模式适合危机稳定下来并回到接近危机前平衡状态的当事人。在这一过程中，干预技术占主导地位。

(3) 心理社会转变模式。要求在分析当事人的危机状态时，应该从内、外两个方面着手，除了考虑当事人个人的心理资源和应对能力外，还要了解其同伴、家庭、职业、宗教等影响，并要求当事人的亲密人员参与干预计划的制订，将社会支持与环境资源充分结合起来，提供更多解决问题的选择机会，最终使当事人获得对自己生活的自我控制。此模式主要针对比较稳定状态的当事人。

危机干预的原则：

(1) 适时原则。在事件发生后最短的时间内（干预的最佳时间是事件发生后的24~48小时内）及时有效地介入，对当事人心理进行安抚，可以有效地减少突发事件的危害。

(2) 全局原则。在制订干预预案时，必须通盘考虑，注重其关联性和安全性。

(3) 普遍原则。除了对当事人进行干预外，处理事件的干警、监区服刑人员等受到事件影响的群体都应该接受及时的干预。

(4) 科学原则。心理危机干预除了以危机干预专业技能为核心外，还需要以心理学、医学和社会学等专业知识为基础。

自杀危机干预中需要注意的问题：

(1) 自杀之前的干预重点在于防范于未然。减弱或消除当事人的自杀意图，防止其采取实质性的行动。通过交流，了解当事人的内心感受和他遇到的困境，在交谈过程中帮助当事人理清思路，明确问题所在，消除不正确的认知。

(2) 在干预的过程中，要适当相信当事人的话，当其说要自杀时要认真对待，了解欲自杀者的自杀计划以及他们可能采取的自杀手段，有助于防范自杀行为发生。

(3) 武器效应。人的挫折并不直接导致（自我）侵犯，侵犯行为的发生还要依赖情境线索的影响。与侵犯有关的刺激将增强侵犯行为发生的可能性。了解自杀者的计划后建立相应的自杀物理障碍，减少自杀的可能性，从而防止自杀的发生。

——引自《自杀危机的社区心理干预》

围观层面的干预指针对当事人个体的危机干预，基本可以归纳为六步法：确定问题—保证求助者安全—给予支持—提出并验证可变通的应对方式—制订计划—得到承诺。具体如下：

(1) 初步接触。企图自杀者通常不会表现得十分活跃与积极。干预人员与当事人建立初步关系时，必须耐心地接受当事人可能出现的冷漠、被动等消极表现。干预人员的真诚关心和友善态度是建立良好工作关系的重要基础。干预人员要注意将个人的态度中立，客观地接受当事人的感受。

（2）观察了解。干预者要有敏锐的观察能力，从当事人有限的语言与肢体动作中尽快尽多地了解当事人的信息。关注当事人内心的感受，特别注意当事人肢体语言的含义；同时可使用专业的自杀危机量表来测量其自杀倾向，以求真实地了解当事人内心的感受，更好地帮助当事人。

（3）直接询问。直接询问当事人的自杀可能性不会加剧危机，反而可以帮助当事人更清晰地梳理思路，意识到问题所在。最直接地了解一个人自杀危机的可能性，就是直接询问其自杀意向。询问要有技巧，要注意询问时不是针对当事人个人而是针对事实，即对事不对人。询问过程中思路要清晰，由浅入深。对当事人的回答不具有批评性，对他遇到的困境表现出同情、理解和真诚的关心。

（4）危机程度评估。对自杀者的检查和评估是自杀心理干预的关键环节，咨询师应尽量在短时间内迅速做出评估，以便及时采取有效措施。

对自杀危险性的评定目前主要是采用临床法进行，即主要是根据自杀的一般心理表现和有关的知识经验来进行诊断。一般认为，有以下情况者就表明具有较大的自杀危险性：①具有明显的外部精神因素刺激，如失恋、家庭纠纷、人际危机、严重躯体疾患等各种挫折打击，同时个体挫折承受力差，面对挫折感到悲观绝望。②情绪低落，长期抑郁，自罪自责，有强烈的罪恶感和无用感。③性格孤僻内向，与周围人缺乏正常的情感交流，拒绝社会交往，丧失社会心理支持。④有严重负面的家庭成长环境，如缺乏温暖和关爱、家庭破裂、被人遗弃等。⑤缺乏明确的生活目标，对现实冷漠不满，对未来沮丧绝望。⑥长期郁积的愤激和屈辱感，思维偏激，走极端，常发生过激冲动举止。⑦精神障碍者、慢性酒精中毒者和吸毒者。⑧谈论自杀，直接或间接有过自杀的暗示和威胁，亲友中发生过自杀，本人过去有自杀行为或者自杀意图的。

如果一个人具有明显的上述表现，并可在这些表现中发现一致性的联系，便可认为他具有较高的自杀危险性，应该引起密切的关注。在实施干预时，若当事人介于中度至严重阶段，干预人员必须进一步评估其自毁的冲动，并按需要与自杀者订立不自杀协议，强化他对自己生命的责任。必要时提供密切的照顾，陪伴可有效地阻止自杀行为的实施。

（5）制订相应的干预方案。应尽可能多地了解收集当事人产生自杀动机的原因、心理状态，并据此制订可行性高的、逐步干预的文字式方案，确保干预按计划进行，并随时做好反馈调整。自杀者的入院干预可视病人的情况而定，若自杀者处于极度抑郁的状况，感到非常无助时，安排入院对当事人会有帮助。

（6）寻求可支持的资源，帮助当事人寻求并建立可利用的支持网络。

下面是个案干预过程中经常使用的语言："你遇到了什么困难让你痛苦得想自杀？"（将话题引向深入，获取更多信息）"很多人曾经都有过自杀的想法，你不是唯一有此念头的人，不用为这种想法恐惧或自责。"

（三）效果评估

1. 服刑人员评估

能坦然面对离婚这一事实，对人生有新的规划，工作、学习效率恢复正常，失眠和食欲下降等问题消失，能参与正常的社交活动。

2. 咨询师评估

情绪稳定，对离婚能正确归因，并能总结相应的经验教训，自信心恢复，对未来生活充满希望。

第四节　伤害、杀害妻子

一、问题与成因

夫妻之间，为生活中一些琐事吵架拌嘴很正常，比如孩子教育、老人养老等问题。通常而言，夫妻吵两句嘴也就没事儿，可是也有特殊的情况。有部分夫妻会从争吵演变成厮打，最后可能在冲动、气急之下杀害配偶，酿成家庭惨剧。

在狱中有部分服刑人员在发现妻子出轨、被妻子骗取财物、与妻子争吵等情况下冲动杀害妻子。犯罪以后，服刑人员多表现为内疚、自责、后悔，情绪低落，并会思考如果当时不怎么做妻子就不会死，自己也不会坐牢，孩子也不会失去妈妈，一家人能幸福地生活在一起，因而加深对自己的悔恨之情。他们夜里经常无法入睡，入睡后容易惊醒，或者一闭上眼睛就会浮现案发时的场景。在白天，他们常感到头痛，精神疲倦，提不起劲，无法集中精力工作。他们以为不思念妻子就不会想起杀妻的事情，所以抑制自己对妻子的思念，但反而使自己不能从过去的经历中走出来，接受改造，重新开始新生活。

二、表现与评估

1. 心理表现

易激动、紧张、精神状态差、情绪低落，如唉声叹气、思想不集中、整天心事重重、满面憔悴，常为自己犯下的错误而感到内疚、自责、懊悔。

2. 行为表现

头痛、失眠或睡眠质量下降，闭上眼就会想到自己的错，难以入睡，或容易惊醒。不愿同他犯交流，不愿意见家人。学习兴趣减退，上课听课精力不集中。在劳动中经常出错，不能及时完成每天的劳动任务，无法安心地参加改造生活。

3. 心理评估量表

这类犯罪的个体都有一定的冲动型人格特点和不成熟的应对方式，可利用应对方式问卷分析测得。

三、辅导方法

（一）长期目标

（1）培养乐观、自信的性格，树立积极的生活态度。

（2）健全人格，完善个性，提高心理健康水平。

（3）恰当处理好杀妻事件，真正拥有健康心态。

（4）改善社会支持系统，学会和他人和谐相处的交往方式，减少愤怒与情绪压抑。

（二）短期目标及干预措施

咨询师在深入分析和掌握服刑人员资料的基础上，根据以上评估诊断和原因分析，拟定了咨询目标，并与服刑人员协商，在服刑人员同意的基础上确定以下短期目标。

1. 目标A：评估服刑人员的认知、情感和行为及心理问题

干预措施：

（1）咨询师通过心理咨询的摄入性谈话，以关怀的口吻向来访的服刑人员了解导致其内疚、抑郁情绪的事件和原因，适时给予精神支持、鼓励和积极关注。对于优秀、积极的方面给予赞赏，例如“你在这方面做得挺好的”“这点我同意”“这点可以保持下去”等语句来使其恢复信心。咨询师可与服刑人员一起从服刑人员的生活行为、习惯、情感表露等分析其性格、自我效能感和个人成长经历、家庭教养方式的关系。咨询师的表情要坚定，多给予鼓励，让服刑人员勇于面对过往的经历，有信心去改善自己。

（2）运用共情、鼓励等技术让服刑人员缓解目前的情绪，例如告诉他“我能理解你的感受，内疚、后悔的事情在每个人身上都会发生，每个人都会做错事，但是你后悔了，说明你有一颗善良的心，你会反省自己的过去”。鼓励来访者积极面对自己的困难，并告诉他“我会帮助你一起度过这个难关，你自己也要有信心，你一定可以从这段经历中走出来的”。

2. 目标B：改变服刑人员的错误认知，摆脱负罪感的强迫性思维

干预措施：

（1）咨询师要先确认服刑人员有哪些错误的认知，比如绝对化（这件事已经没有任何解决办法了）、自我否定（都是我的错，我一无是处）、过分概括化（我不可能有从头再来的机会了）等。可以问服刑人员“现在你对自己

有什么评价”“你觉得自己是一个怎样的人”“你怎么看待你的过去和未来”等。

（2）采用 ABC 情绪疗法。咨询师询问服刑人员“发生这件事之后，你是怎么想的？这让你感觉如何？带来了什么后果”，咨询师和服刑人员一起挖掘这三者之间的关系，认识到是哪些认知、想法强化了服刑人员的内疚感和绝望感，让其明白只要换个想法，一切皆可以发生改变的道理。

（3）认知重组技术。咨询师和服刑人员可以通过角色扮演和想象使服刑人员面临一种可能引发焦虑的情景，之后要求服刑人员评价自己的焦虑水平。咨询师和服刑人员一起找出那些让服刑人员在压力情境下产生的引发焦虑的认知，并帮助其通过重新评价、自我陈述来检查这些想法，再重新评价自己的焦虑水平。

（4）咨询师可要求服刑人员每天将自己的无助感、无价值感、内疚感、懊悔感、孤独感等记录下来，同时记录证明的和反驳的证据，并与咨询师一起来讨论这些想法和证据，找出服刑人员的错误认知，强化反驳这些感觉的证据。例如“你觉得自己没有价值感，但你现在能通过自己努力工作挣钱”等，增强服刑人员的自我效能感。

3. 目标 C：学习调节情绪的各种适宜技术，缓解或消除内疚、抑郁的情绪

干预措施：

（1）鼓励。将孤独、郁闷、悲伤、烦恼、愤怒等消极情绪宣泄出来。咨询师要耐心倾听服刑人员诉说，理解他并把自己的理解告诉服刑人员，通过共情与服刑人员建立良好的咨询关系，鼓励服刑人员说出让他产生消极情绪的事件，甚至在无人的时候可大哭一场，使压抑的情绪得以抒发。

（2）鼓励服刑人员以写日记的方式把自己的感受写出来进行发泄，把自己的痛苦、孤独、内疚、后悔等感觉写下来，并暗示自己“这是我的过去，现在我要把它放下，做一个全新的我”，然后把日记交给干警保管，并暗示自己“我不再想这些事了”。

（3）学习关于情绪产生、变化的知识。请服刑人员进行列举情绪成语的比赛，例如“怒发冲冠”“心平气和”“悲痛欲绝”“心灰意冷”“自怨自艾”等，通过让服刑人员解释这些成语的含义或典故，明白各种情绪给人带来的不同体验，以及不良情绪的消极影响。

（4）引导服刑人员将内心的苦闷倾诉出来。如果想哭就大哭一场，建议尽情地呼喊、歌唱，使压抑的情绪得以宣泄

（5）艺术治疗。通过听轻音乐、练书法、绘画等方法，寻找适合自己调控情绪的健康途径。

4. 目标 D：肯定服刑人员对妻子的思念是有意义的，并帮助其排遣对妻子的思念

干预措施：

（1）鼓励服刑人员给妻子写信，通过写信的方式可以述说自己对她的思念，表达自己的内疚、后悔，谈谈未来在狱中改造的计划等。总之，让服刑人员把自己想对妻子说的话都通过写信的方式表达出来，具体内容无须做太多的要求。然后咨询师与其一起进行分析，帮助他解决问题。

（2）让服刑人员把一个具体的物体假想为妻子的化身，可以是妻子生前喜爱的物品、一张人物海报等。当服刑人员思念妻子或者想对妻子倾诉时，可以通过与这个具体的物体对话，想象自己是在与妻子对话，排遣自己的思念和缓解内疚、抑郁情绪。

5. 目标 E：提高服刑人员的睡眠质量，减少失眠的发生频率

干预措施：

（1）放松训练。咨询师将服刑人员带进静省室，教其腹式呼吸放松法，播放轻松的音乐，引导其想象自己置身于森林之中，气候宜人，鸟语花香，没人打扰，可以在这里充分放松，注意调节自己的呼吸，体会放松的感觉。时间约为 30 分钟。

（2）森田疗法治疗技术。咨询师与服刑人员讲述森田疗法的治疗原则——“顺其自然”和“为所当为”。告诉服刑人员必须顺其自然地接受现在的状况以及与之相伴的焦虑感和苦恼，认识到试用任何手段回避、压制、抵抗它都是徒劳无功的。告知服刑人员不要把注意力集中在以前的事情上，不要在睡前为能否入睡而多思多虑，不要一味地暗示自己一定要睡着，应该听凭睡意自然入睡。

（3）自我暗示的放松技术。鼓励服刑人员每天中午和睡前坚持肌肉放松训练 30 分钟，把注意力集中在双手或双腿上，默念自我暗示的语句，比如“我的双手越来越沉重了”“我的下肢越来越沉重了”“我的全身越来越沉重了”，体验肌肉松弛、下坠的感觉。做放松训练的同时也可以播放柔和的轻音乐，它有助于患有失眠的服刑人员入睡。

（4）在睡觉前要避免不良的自我暗示。如“今晚不知能不能入睡”“我一定要快点睡着”“如果睡不好，第二天就没有精神”“如果睡眠不好就会引起许多身体疾患”，诸如此类睡前的想法和焦虑情绪都会严重干扰入睡。启发服刑人员在睡前不要过分期待入睡，也不要努力想入睡，因为过分期待反而会引起预期焦虑，导致入睡困难。

（5）矛盾取向法。咨询师可教授失眠的服刑人员，当实在睡不着时，可以对自己暗暗地说“我不想睡，要保持清醒状况”，并睁大眼睛看着头顶上方的天花板，眼睛用力往上看，并尽量保持长一些时间不闭眼睛，当眼睛疲惫

了，闭上眼睛后就会感觉舒服多了，从而逐渐产生睡意。事实上，大多数失眠的人无须多长时间即可入睡。

6. 目标F：理解服刑人员的补偿心理，缓解其内疚感和负罪感

干预措施：

（1）给父母家人写家书。若服刑人员对自己或妻子家人充满歉意，又不敢与他们见面，咨询师可以引导服刑人员通过写一封家书的方式来表达自己的愧疚、后悔，谈谈未来在狱中改造的计划、将来出狱后自己对家庭要承担什么责任等。总之，让服刑人员把自己想对自己或妻子家人说的话都通过写家书的方式表达出来，具体内容无须做太多的要求。

（2）安排一次服刑人员与家人的见面。咨询师可以先与服刑人员的家人进行一次谈话，说说服刑人员在狱中的表现、对杀害妻子这件事的认知以及愧疚的心理，渴望与家人见面却又不敢见面等情况，还可以给家人看看服刑人员写的家书。若双方愿意见面，咨询师可安排服刑人员与家人见面，帮助处理好服刑人员与家人的关系，引导双方宽恕自己和别人，忘记过去的恩怨，放下怨恨，化解矛盾。

7. 目标G：帮助服刑人员完成自我救赎或自我增值

干预措施：

（1）抄写佛经。抄经的要求是戒定慧，敬静净。抄经时将整个身心都投入其中，注意力更加集中，做到眼到、手到、口到、心到，根除各种杂念，使心念专注于经文上，帮助心安定下来。弘一法师的“抄经十大利益”中有这么几点：从前所做种种罪过，轻者立即消灭，重者也得转轻；夙世怨对，咸蒙法益，而得解脱，永免寻仇报复之苦；心得安慰，日无险事，夜无恶梦，颜色光泽，身力充盛，所做吉利；勇离恶道，受生善道。相貌端正，天资超越，福禄殊胜；能为一切众生，种植善根。推荐抄写的佛经有《般若波罗蜜多心经》《弟子规》《般若心咒》《佛说八句平安偈》等。

（2）做义工。每月参加各种公益劳动，如清扫垃圾、简单的木工活、“法庭义工”或社区矫正活动等，还可以让服刑人员给自己设定一个目标，如每月参加义务劳动12小时，切实感受到作为一名合格公民应当承担的责任和义务，在劳动中体验快乐。

（3）读自传，写自传。推荐服刑人员阅读吕代豪所写的《收刀入鞘》。此书讲述了吕代豪从一名杀手转变为一名牧师。吕代豪曾经是中国台湾最大的黑帮“竹联帮”的“总堂护法”。19岁到26岁，他连续入狱、越狱。中国台湾的38所监狱，他待过14所，先后被判刑38年。而如今，吕代豪在中国台湾和美国获得了教育学和神学两个博士学位后，又在北京大学哲学系攻读第三个博士学位。他借助自己过去种种传奇经历，以一个牧师的身份，指引误入歧途的人们寻找内心善良，让更多人看到生活的美好，探索人生的幸福。

吕代豪的经历与服刑人员入狱前的生活有相似之处，服刑人员在阅读时能产生共鸣，保持阅读的兴趣。咨询师可引导服刑人员以吕代豪为榜样，重拾改造、建立新生活的信心，鼓励服刑人员效仿吕代豪的做法把自己的经历写成自传，以自身经历感悟他人。

（4）报读狱中进修课程。鼓励服刑人员报读进修课程，可攻读学位或习得一门技能，把刑期变为学期，为将来顺利回归社会多做准备。服刑人员在完成规定学分、获得学历文凭后，干警可给予一定的奖励。

8. 目标H：帮助服刑人员重建信心，以积极的态度迎接余下的狱中生活

干预措施：

可进行团体沙盘游戏治疗。沙盘游戏是指在咨询者的陪伴下，服刑人员从玩具架上自由挑选玩具，在盛有细沙的特制箱子里进行自我表现的一种心理疗法。在心理矫治过程中，服刑人员往往有较强的抗拒心理，深层次的问题不易暴露，而沙盘游戏正是针对心理矫治过程中的这个难题，帮助他们在最初的咨询中得到自我心理安慰，以游戏的方式让服刑人员解除内心的防御并表达其真实的内心世界，在游戏的过程中不断探寻自我并改善不良的心理特征，以达到对其进行心理矫治的目的。另外，沙盘游戏是看得见摸得着的，而且琳琅满目，一下子就能引起服刑人员的好奇心，从而使其愿意参与心理辅导，效果更加突出。

（1）人数：一般为4~8人。

（2）指导语：我们每个人都会有和别人交流的想法，也都会遇到问题，但有时我们用言语不太容易表达得清楚。现在让我们用这些玩具在沙箱里共同做个作品，这不是心理测试，所以不需要考虑好坏与对错问题，只要将自己想放的玩具放上，将自己的想法表现出来就可以了。摆放的顺序由抽签决定，每人每次只能放一个玩具，不许拿走他人已摆放的玩具，但可以挪动，成员之间不能进行任何形式的交流。

（3）团体沙盘游戏治疗的规则。

①首先要按先后顺序轮流摆放玩具。

②每人每次只允许做一个作业，如放一个玩具、挖一条河，或堆一座山等。每次只能选择一个玩具或制作地形。移动时只能移动一个玩具，若选择移动或制作地形，则不能再放玩具。

③不能交流（包括口头语言和肢体语言），但成员可以与陪伴者有互动。

④不能将他人或自己已摆上的玩具拿走或放回玩具架，如果对别人摆放的玩具感到不舒服，可以在沙盘内移动位置或用沙子将其埋掉，但不可以拿回到玩具架上去。同时，移动时也就放弃一次选择玩具的机会。

⑤制作过程中，团体成员可以选择在某一轮放弃，什么东西都不摆放。

⑥整个制作过程中的最后一轮，最后一个人在摆完后还可以有一次修饰

的机会，即对整个作品进行一些调整，但不能再添加玩具，也可以放弃修饰。

⑦团体成员参与团体活动是根据自愿原则进行的。每个成员都有权在中途提出退出的要求，但必须向陪伴者说明自己退出的理由。如果以后再想加入的话，应先向陪伴者提出申请，由团体其他成员和陪伴者一起协商决定。

（4）制作。

①触摸沙子，体验沙子的感觉，感悟沙子。让成员闭上双眼，双手轻轻放在沙子上，调节呼吸。［指导语：请大家闭上双眼，双手轻轻放在沙子上，调节呼吸。大胆去感觉沙子的质地、温度，以及其他感觉。（约 1 分钟后）大家可以任意移动沙子，同时放飞想象，去体验、感觉这种想象。（约 1 分钟后）请大家慢慢张开眼睛。］

②成员猜拳或抽签决定摆放的顺序。

（5）欣赏、体验、理解箱庭作品。

① 欣赏体验作品。成员制作完箱庭作品后，请成员用 1 分钟左右的时间从不同角度欣赏自己的作品，体验不同角度的作品所传达给自己的感受。

②理解作品。请成员对自己作品的内容、主题等进行描述、解释，陪伴者对作品及成员的解释存在不明白的地方可向成员询问。成员间也可相互讨论。

（6）记录、拆除作品。

①记录。理解箱庭作品之后，由陪伴者从正下面、左面、右面、左下角、右下角五个方向为作品拍照。

②拆除。由成员自己拆除，如果有成员表示不愿意自己的作品在自己面前被拆除，可以等成员离开后，由陪伴者拆除；或请该成员转过身去，由陪伴者帮其拆除，并对作品中使用玩具情况进行记录。

（7）讨论。

请成员谈谈自己摆放每个玩具的意图及对他人摆放玩具的感受，每个人为作品命名。

（8）记录和整理。

①以每一次每一轮为单元进行记录，包括每个成员制作的情况，摆放玩具的个数、名称、所占的区域、每轮的时间等。

②每一轮完成后，对作品进行拍照，方便以后整理和讨论。

（9）注意事项。

服刑人员在整个沙盘制作过程中，咨询师只需要采取“静默的见证者”接纳的、共感理解的、赏识的态度在旁边陪伴着，并在服刑人员完成沙盘作品后一起分享交流。除偶尔提一点问题外，无须对服刑人员的制作进行分析和解释。

沙盘游戏的时间安排为每周 1 次，每次咨询时间控制在 50 分钟以内。以下是持续性的沙盘治疗的主题，可根据实际情况进行更改：

表 4-2　沙盘游戏治疗

次数	沙盘主题
1	快乐地生活
2	微笑面对一切
3	相信自己
4	乐观
5	快乐真好
6	向往未来幸福的生活

（三）效果评估

1. 咨询师评估

在整个咨询过程中，服刑人员能敞开心扉，与咨询师建立较好的信任关系，能够心有所悟，开朗，并露出了少有的笑容，原有的抑郁情绪已经消除，基本达到了预期的咨询目的。

2. 服刑人员自我评估

近来情绪好多了，晚上也能睡着了，能静下心来干活了，同狱友也能和睦相处了。

3. 改造生活适应状况

能正常参与到改造生活中去，劳动效率提高，完成生产任务，与他人交往增多，相处融洽。

4. 干警评估

服刑人员近来情绪稳定，吃饭、睡眠也正常了，劳动没发现再出错，同其他服刑人员也不再因小事争吵了。

第五章

家庭问题心理辅导

第一节 “三无”人员

阅读材料

王某，30岁，入狱三年以来，没有家人探望，没有收到外面家人、朋友的来信和消息。情绪持续低落，在狱中朋友少，不愿与他人交流，经常心事重重的样子。自卑，不积极参加狱中活动，把自己封闭起来。工作动力不足，对改造岗位没有兴趣，劳动中提不起精神，无法完成劳动定额，对前途没有信心，觉得生活没有意义。曾自杀过两次，未遂。

案例中的王某在狱中属于“三无”人员。这类型的服刑人员主要表现在情感缺失，缺乏良好的家庭支持系统和社会支持系统。缺乏支持系统使其难以适应狱中生活，对未来生活没有信心，甚至会出现自杀的行为，因此，对此类人员应该加以重视和关怀。接下来，我们将对此类“三无”人员的心理咨询进行探讨。

一、问题与成因

“三无”人员泛指在服刑改造期间无亲属会见、无通信联系、无包邮汇款接济的服刑人员。

这类服刑人员由于家境的特殊性，导致其在改造中普遍表现出共性问题：①思想上无牵无挂，自暴自弃、破罐子破摔的心理明显，具有脱逃的危险性。②改造中孤独无援缺乏接济，自卑感强烈，情绪低落，缺乏上进心。③长期的孤独、自卑使其产生了严重的情感危机，个性孤僻，不合群，害怕受到歧视。④自我保护意识过强，报复心理强烈，存在打架斗殴的危险性。⑤相当部分“三无”人员同时又是累惯犯，多次“进宫”，恶习深，改造难度大。

二、表现与评估

1. 心理表现

情感缺失是大部分“三无”人员的主要情感特征，表现在对大部分感情都很漠视，有时候似乎无欲无求，对什么都不渴望，对什么都不要求，对什么都没兴趣，即对外界任何刺激均缺乏相应的情感反应。一般来讲，均具有一定程度的情感缺失，表现在对亲情的缺失、对现实感的缺失和对生命感的缺失。个体情感缺失的成因主要受其原生家庭的影响，此外社会文化环境、所受教育都是其影响因素。

2. 行为表现

“三无”人员或年逾古稀，或身残多病，或孤苦无依，更多的是多种困难情况兼而有之，他们或为维持生计而实施犯罪如盗窃、抢劫，或因缺乏家庭支持、无感情寄托、精神寂寞空虚而实施性犯罪。“三无”人员因为生活困难或伴有肢体残疾的，通常具有较大的精神压力和消极悲观的生活态度。此外，“三无”人员刑满释放的安置问题也需要社会的积极关注。

3. 心理评估量表

对于“三无”人员情感缺失的判断有必要进行家庭功能与家庭关系的评定。家庭环境量表（FES－CV）涉及亲密度、情感表达、矛盾性、独立性等十个维度，用以描述不同类型家庭特征、危机状态下的家庭状况和评价家庭环境。家庭亲密度与适应性量表（FACES II－CV）可以评定家庭成员间的情感联系，也可以评估家庭体系随家庭环境和家庭不同发展阶段出现的问题而相应改变的能力。家庭功能评定问卷可以测量家庭成员的家庭观和情感表达方面的态度。

三、辅导方法

（一）长期目标

（1）提高自尊自信心，增强自我价值感，正确看待他人的评价。

（2）提高心理素质，积极面对各种挫折和困难。

（3）建立良好的人际关系，降低其孤独感。

（二）短期目标及干预措施

1. 目标A：与服刑人员建立良好的咨询关系

干预措施：

（1）自我介绍营造轻松包容的氛围。“你好，我是××。首先感谢你对我的信任，同时我也承诺我会对你所说的话进行保密。看你的样子好像心情比较低落，我也很希望能够给你提供一些心理上的帮助，可以告诉我发生什么事了吗?”如服刑人员欲言又止，还不太相信咨询师的时候，可告知其心理咨询中的保密原则。

拓展阅读

保密原则的细则以及保密例外情况

保密原则是心理咨询过程中的一项基本原则，既是职业道德的要求，也是由心理咨询本身的性质所决定的。心理咨询师有责任保护寻求专业服务者的隐私权，同时也应认识到隐私权在内容与范围上受到国家法律和专业伦理规范的保护与约束。

心理咨询中的保密性原则是心理咨询中最重要的原则，是指心理咨询人员要为服刑人员保守秘密，服刑人员的名誉和隐私权应受到道义上的维护和法律上的保护。它是鼓励服刑人员畅所欲言的心理基础，同时也是对服刑人员人格及隐私权的最大尊重。这是因为：为服刑人员保守秘密是心理咨询工作的职业道德和法律要求，服刑人员对咨询者暴露的内容是其内心世界，而这又是不允许其他人知道的，如果咨询师将这些材料泄漏出去，这是不道德的行为；心理咨询中一些谈话的内容涉及个人隐私，心理咨询人员将这些内容公布出来可能会引起许多不良的后果，从而影响服刑人员的名誉、前途，甚至可能造成他们绝望和轻生。监狱中的心理咨询比较特殊，但干警还是要在一定范围内坚持保密原则。

①干警有责任向服刑人员说明心理咨询工作者的保密原则，以及应用这一原则的限度。

②心理咨询工作中的有关资料，包括个案记录、测验资料、信件、录音、录像和其他资料，均属专业信息，应在严格保密的情况下进行保存，不得列入其他资料之中。

③干警只有在服刑人员同意的情况或者特殊情况下才能对咨询过程进行录音、录像。在因专业需要进行案例讨论，或采用案例进行教学、科研、写作等工作时，应隐去那些可能据以辩认出服刑人员的有关信息。

④干警对于心理咨询服务的记录、开具的诊断、照会或医嘱，应指定适当场所及适当人员进行保管，并负有保密的义务。

⑤除本部门专业的人员外，不允许其他人查阅心理咨询档案，包括干警自身的单位和求询者单位。特殊情况除外。

⑥除了服刑人员触犯法律，并经公检法机关出具证明以外，任何机构和个人不得借阅心理咨询档案材料。

保密例外：保护的原则也并不是绝对的，也存在着以下保密例外的情况。

①服刑人员同意将保密信息泄露给他人。

②司法机关要求心理咨询师提供保密信息。

③出现针对心理咨询师的伦理或者诉讼。

④心理咨询中出现法律规定的保密问题限制，如报告虐待儿童、老人等。

⑤服刑人员可能对自身以及他人造成即刻伤害或者死亡威胁。

⑥服刑人员患有危及生命的传染性疾病。

——引自《公安民警团体心理辅导工作指南》

（2）真诚关心“三无”人员，为其提供力所能及的帮助，多问候其日常生活。不过需要注意行为有度原则。

2. 目标B：节假日给予关心，减少其孤独感

干预措施：

（1）团体拓展。“三无”人员组成一个团体，在节日时一起开座谈会，让他们明白自己不是一个人，也不只自己一个人处于情感缺失的状态，引导团体相互交谈、做彼此的支持者，减轻其孤独感。具体团体拓展参考方案如表5－1所示。

表5－1　“三无”团体拓展活动

主题	促进“三无”人员的交流，建立狱中支持系统
对象	20～30个“三无”人员
开始环节	宣布保密原则，团体内签订契约：团体成员说的每一句话、每一件事都不能向外界透露，并在整个团体过程中，不责备、不批判团体成员，接受意见不一致的情况存在
破冰游戏	指导语：今天是××节日。大家有没有想起自己的家人，想起你们以前一起过节的场景呢？我知道在座的各位入监以来，家人很少来探望你们，在节日的时候，会对家人更加地想念。大家的家人都没有来，就让我们做彼此的家人，今天大家一起过节。今天的活动主要是想让大家相互熟悉，玩玩游戏，希望大家不要有太多的顾虑。今天的第一个游戏叫进化论，具体游戏规则如下： ①共有鸡蛋、小鸡、母鸡、凤凰，为级别逐级递升的四个角色 ②全体人员先蹲下作为鸡蛋，而后相互找鸡蛋猜拳 ③赢者进化为半蹲的小鸡，输者继续是鸡蛋 ④小鸡相互猜拳，赢的进化为站起直立的母鸡，输的退化成为蹲着的鸡蛋 ⑤母鸡相互猜拳，赢的走到拓展师身旁成为凤凰，输的退化成为半蹲的小鸡 ⑥直到剩下三人没有成为凤凰为止，接受惩罚

（续上表）

一起合作，走过障碍环节	指导语：在做完这个比较激烈的游戏后，接下来我们分成3组进行下一个游戏，从第一位开始“1、2、3、1、2、3”报数，报到相同数字的人自动组成一组，大家一起完成接下来的游戏。接下来的游戏叫地雷阵，需要团体的合作才能完成 游戏具体流程： ①游戏开始前，助手按照拓展师的要求用凳子作为障碍，布置好场地（尽量保持各组之间的统一性） ②每组推选一人当“领导者”，“领导者”负责指引工作；其余队员戴上眼罩，手牵手在原地等候 ③“领导者”发出相应的指令，引导本队成员避开障碍物走到终点，在此过程中，任何参赛者的身体任何部分都不能碰到障碍物，否则，回到起点 ④“领导者”可以进入场地内指引参赛者，而被指引者的脚则不能碰到相应的边界或者在游戏过程中松开牵着的手，否则回到起点，重新出发 游戏结束后分享讨论： ①你们为什么会这么快完成（成功组） ②戴上眼罩的那一刻，眼前一片漆黑，是什么坚定了你的信念（被引导者） ③你认为自己有什么责任（“领导者”） 总结引导语：戴上眼罩的那一刻，整片天都黑了，然而“领导者”就是你们的眼睛，你们选择了他，是因为你们相信他，而他也没有辜负你们的期望，成功地走到了终点。即使路途有些坎坷，你们手牵着手，彼此感受着对方掌心的温度，明白自己并不是孤单的，这就是一个团队的魅力所在。团队源于信任，更强于信任
合力解手链	游戏流程： ①小组内成员手拉手围成一个圈，记住自己左边和右边的人 ②在节奏感较强的音乐声中，大家放开手，随意走动，音乐一停，脚步即停，找到原来左右手相握的人分别握住 ③小组中所有参与者的手都彼此相握，形成一个错综复杂的“手链”，在舒缓的音乐背景下大家在手不松开的情况下，无论用什么方法，将“手链”解成一个大圆 分享讨论： 哪个小组最先解开“手链”？他们是怎么做到的 总结引导： 小组内互相帮助、互相鼓励，一定会完成任务
结束语	通过今天的活动，相信大家都有所收获。今天是××节，虽然没有家人的陪伴，可是身边有一群朋友陪伴着，希望你们以后都可以相互鼓励和关心。最后，祝大家节日快乐，谢谢大家今天的配合

3. 目标C：合理宣泄怨恨等负面情绪，稳定其情绪

干预措施：

（1）可通过运动（如仰卧起坐、俯卧撑、深蹲等对场地要求不太严格的运动）、唱歌（如《水手》《重头再来》《海阔天空》等励志歌曲）、画画等宣泄其内心情绪。

（2）找一个安静的地方，只有咨询师和来访者，让其尽情哭泣和倾诉。咨询师及时递上纸巾，给予鼓励和共情。

咨询参考语句："没事的，这里只有你和我，我会对你的事情保密，有什么不开心的事情我希望你能够说出来，憋在心里面只有你自己一个人在承担，说出来让我和你一起分担，好吗？"

（3）对于不善于与人面对面沟通的服刑人员，可鼓励其用书写的方法，把自己想说的话写出来，养成写日记的习惯。

（4）绘画疗法。对于不善于交谈和写作的服刑人员，可以通过图画表达自己的情绪。

咨询参考语句："你不想说没关系，那就把你想说的话写下来，好吗？尝试表达出来，你心里会好受一点。"

如对于喜欢画画的服刑人员："你不想说没关系，那我们就不说了。你刚刚说你喜欢画画，那我们现在来画一下画吧。没有要求，你喜欢画什么就画什么。""可以跟我说一下你画的是什么吗？"

（5）放松疗法。播放安静的音乐，如《沉睡的精灵》等纯音乐，让服刑人员用最舒服的姿势半躺着，教服刑人员学会怎样进行放松，鼓励其平时多练习。

拓展阅读

放松疗法操作方法

请做好准备，把身体精神尽可能地调整到更舒适一些。现在你这样想，在一天中，有一段时间能真正地安静下来真好。现做一次深呼吸，注意，要尽可能向小腹里吸气，然后，再慢慢地把它呼出去。

现在开始做肌肉放松练习，脚趾向脚心方向弯曲，肌肉适当绷紧，同时，小腿肌肉收缩，现在逐步绷直，小腿肌肉收缩，脚趾是弯曲的，脚趾、踝关节、小腿肌肉都绷得很紧，坚持住，只要不抽筋，就适当增加力量，坚持，再坚持，8、9、10，放松，然后做深呼吸，气流从鼻腔缓缓进入，再缓缓地呼出去。现在你的心情开始有一点点安静下来了。

然后，再把脚趾向脚背方向弯曲，脚尖向膝盖方向做勾脚动作，小腿

肌肉拉得很直，踝关节、围轴绷得很紧。现在脚趾尖，踝关节、小腿肌肉都绷得很紧，坚持、坚持，适当地增加力量，现在你的小腿肌肉像弓弦一样绷得很直很直，大约坚持10秒，我帮你计时，8、9、10，放松，做深呼吸。

然后你感觉到，脚、小腿都放松了，心情也开始一点点放松下来了，为了加深你的放松程度，你可以想象自己的大脑后部有一个小水珠从头顶一点点地向下流淌，慢慢地流下颈部。你虽然看不见它，但能感受到它在后面慢慢地、慢慢地向下流，还在流着，它还在一点一点地向下流。

接下来两腿的膝盖用力并拢，大腿的肌肉绷得很紧。同时，臀部肌肉也绷得很紧，尽力收缩，再收缩，坚持，再坚持，6、7、8、9、10，放松，再做深呼吸，体会气流缓缓地吸向腹部，再吸，再吸，然后把它呼出来。现在你体会心情渐渐地松弛下来了，大脑渐渐地放松下来了，你开始什么也不愿想。

继续体会你大脑后部那个看不见的水珠，它再从头顶一点一点地流向颈部，它流得很慢，还在流。现在你大脑里明显地感到轻松、宁静，没有任何压力，脑后的水珠还在一点一点地向下流着。

然后，绷紧后背肌肉，两肩略向后用力，身体可以稍稍向上隆起，将后背、腰部、臀部的每一块肌肉尽可能地绷紧，适当增加力量，坚持、坚持，7、8、9、10，好放松，然后再做深呼吸。深呼吸之后，体会你的心情越来越放松了，大脑里轻松、宁静。你喜欢这种状态，说明你大脑里边是愉快的。

然后，为了加深放松，你继续体会大脑后部那个看不见的水珠还在一点一点慢慢地往下流着，还在流，还在流着，你大脑很轻松，越来越联想着什么。

好，接下来，肩部肌肉绷紧，好像用肩膀去碰耳朵一样，尽力地向上耸肩，肩膀、头和周围的肌肉都绷得很紧，再坚持，坚持，7、8、9、10，好，放松，再做深呼吸。

然后，继续体会大脑更加轻松，心情更加轻松，你现在能体会到头上没有的那种轻松，你曾经的那种轻松。现在大脑里边达到很好的放松状态，带着这种平静、轻松和略微愉快的情绪状态，自己想象放松练习，现在开始。

好，停下来，接下来两手握紧，把拳心放在肩膀上，让两手的肌肉尽可能地绷紧，小臂肌肉尽可能地绷紧，上臂的肌肉也尽可能地绷紧，坚持住，坚持，再坚持，适当增加力量，7、8、9、10，好，放松，然后两手慢慢放回原处，做深呼吸。

深呼吸之后，继续体会大脑中那种宁静、轻松和略微愉快的状态，继续体会大脑后部那个水珠再从上往下慢慢、慢慢地流淌，现在你能体会到一种人很难体会到的轻松、宁静、微微愉快的情绪状态，你带着这种状态做一次自我的心理练习。注意：你此时的心情非常宁静、轻松、愉快，好，现在开始做自我心理练习了。

现在大脑停下来，然后腹部肌肉绷紧，让肚脐周围的肌肉尽可能地都绷紧，坚持住，再坚持，然后，颈部肌肉也绷紧，让下额低入前胸，使颈部的肌肉都绷紧了。现在腹部的肌肉是绷紧的，颈部的肌肉绷得很紧，很紧，坚持、坚持、再坚持。7、8、9、10，好，放松，再做深呼吸。

现在你体会到大脑后部看不见的水珠在一点一点地从上往下慢慢地流着，流着。

最后，面部肌肉绷紧，尽力皱眉，嘴闭紧，在眼睛不睁开的情况下，看自己的额头，使眼部肌肉绷紧，舌头舔上颚，坚持住，面颊的肌肉也是绷紧的，坚持，8、9、10，放松，然后做深呼吸，深深地、长长地做一次深呼吸，现在你的心情完全放松，你的大脑什么都不用想，现在你沉浸在这种轻松中，让大脑得到更好的恢复和调整，过一会儿，我会叫醒你。

现在我开始数数，当我数到5，你便立刻醒来，你醒来后，有一段高效的学习时间，你要有效地利用它，现在我开始数了，1、2、3、4、5，醒来。

——引自邱鸿钟《咨询心理学》

（6）告诉服刑人员一些控制愤怒的小方法，比如，有了愤怒情绪忍30秒之后再发作；有节奏地拍打大腿，节奏越来越慢，慢慢调整情绪。

（7）塑料袋呼吸法。教授开始通过塑料袋呼吸法来调节自己的情绪。当情绪激动的时候，拿一个塑料袋，把袋口放在鼻子处，自然呼吸，袋子会跟着呼吸的频率一缩一胀，尽量让袋子一缩一胀的速度慢一些，渐渐地呼吸会慢下来，心情也会平静下来。心情平静下来后，才去思考和尝试着解决问题。

（8）对于家人从不探视、不能获得家庭情况的服刑人员，通过空椅子技术，让服刑人员充分发泄内心的焦虑、内疚、抱怨等不良情绪。充分宣泄后，引导其换位思考，进一步理解和接纳家人。具体操作：在一个安静的房间，让服刑人员坐在一个舒适的座位上，前面放在一张椅子，让其想象椅子上坐着自己想要见的人。咨询师引导："现在我想请你闭上眼睛，我知道在监狱里面你有很多不适应，有很多苦，有很多话想说，但一直没有机会说出来。现在你想想，你心里最想和谁说话？现在就想象他坐在你的面前，把你想说的话说给他听，好吗？"如果服刑人员出现欲言又止的情况，应进一步鼓励：

“没关系的，我会对你所说的话保密，尝试着说出来，心里会好受一些。”

4. 目标D：改善人际关系，帮助其建立狱中的社会支持系统

干预措施：

（1）鼓励与他人交往，创造情境与他人交往。咨询参考语句：“试着去和监狱中的人交流一下，好吗？”“如果你觉得监狱中的人比较复杂，不想跟他们交心，那我们先从认识开始吧，尝试着和他们一起参加活动，觉得可交心了，我们再谈心。”

（2）感恩疗法。要求服刑人员动手做礼品送给狱中好友，数量和礼品内容可按照自己的意愿去做，引导其表达自己的谢意，巩固其社会支持系统。

（3）阳性强化法。多鼓励其与他人说话、交流，并且及时肯定其积极行为，并给予赞扬和鼓励。

（4）鼓励服刑人员积极参加一些监狱内举行的活动，多表达自己的感受。

5. 目标E：增强自我价值感，恢复人生意义

干预措施：

（1）暗示疗法。引导服刑人员发现自己的优点，并每天说一句赞美自己的话。比如，每天起床默默对自己说一句：“今天的自己比昨天的自己有所进步，加油！”

（2）鼓励疗法。鼓励服刑人员积极参与监区活动，不要太看重结果，并对服刑人员勇于参与活动的行为表示肯定。

（3）留意发掘服刑人员的兴趣爱好和特点，积极培养服刑人员的兴趣爱好。比如，服刑人员喜欢画画，在咨询过程中可让他画画。

（4）布置家庭作业。记录10件帮助别人的小事，并写下帮助别人后的感受，一个星期后查看其记录，肯定其价值。

咨询参考语句：“帮助人之后有什么感受呢？”“嗯，很棒，帮别人那么多事情，你是一个很有价值的人，相信会有越来越多的人想和你做朋友。”

6. 目标F：树立人生目标

干预措施：

（1）信息提供。给服刑人员讲授狱中减刑制度、以往服刑人员出狱之后的现状（一般举积极的例子，增强其对未来生活的自信心）、在狱中有什么方式可以和家人沟通等一切能够对服刑人员有利的信息。

（2）发现自己的优势。如服刑人员在某方面比较擅长或者感兴趣，引导其肯定自己的特长，继续培养自己的兴趣爱好。

（三）效果评估

评估咨询后服刑人员的情况是否得到改善，服刑人员自身、咨询师和身边人都可从知、情、意三个方面去评估：

（1）知：先前引发不良情绪的不合理认知是否纠正，比如，咨询前会怨

恨家人不探望自己，现在是否能够接纳这件事情，目前的认知是否积极向上。

（2）情：不良情绪是否得到改善，最近一个星期的情绪状态如何。除了服刑人员自我评估和咨询师观察外，可借助相关量表进行评估，比如：SCL－90、SAS、SDS。如咨询前做过同样的量表，可进行前测和后测的比较。

（3）意：是否对自身有了更进一步的了解，是否更接纳自己，在狱中的人际关系是否得到改善并建立自身的社会支持系统，减少孤独感。

第二节 子女问题

阅读材料

李某，35岁，入狱2年。家中有两个孩子，入狱前和孩子关系一般，入狱后，孩子和家人三四个月来探望一次，平时没有书信、电话往来，和孩子、家人的沟通大大减少。李某在狱中很担心家里的情况，特别是两个孩子的学习。心中充满内疚感，责怪自己没能尽到做父亲的责任。希望孩子能够好好读书，将来做个有出息的人，可是心中有很多期望都无法跟孩子表达。随着孩子逐渐长大，李某感觉和孩子的距离越来越远，孩子也越来越少来探望。在狱中经常想起两个孩子都会流泪。情绪沮丧忧郁，兴趣缺乏，消极悲观。

一、问题与成因

在现实情况中，监狱中不乏像李某这样对孩子问题焦虑的服刑人员。对于他们来说，孩子就是他们的希望，如果能够处理好其与孩子的关系，这将会给服刑人员带来强大的改造动力。如处理不好，将给服刑人员带来心理方面的问题，甚至会出现自杀行为。服刑人员处于一个封闭的环境，入狱后，子女是服刑人员改造的动力，但一方面，由于环境的因素，和子女的联系减少，缺乏沟通，会对子女的情况更加关注和担忧。另一方面，由于在监狱的环境，不能正常履行照顾和教育子女的责任，会表现出内疚和自责。

二、表现与评估

1. 心理表现

焦虑、抑郁、内疚。担心子女因自己的事情被人瞧不起，担心子女的成绩，渴望知道子女在外面的情况，可是经常不能及时得到有关子女的消息。对于自己没能尽到做父母的责任，内心感到自责，内疚感强烈。焦虑、抑郁或内疚情绪的持续时间及强度，对狱中生活带来影响。

2. 行为表现

情绪低落，易发脾气，渴望家人探访，不能专心工作，不愿与人交往、交流。子女是其改造的动力和希望。

3. 心理评估量表

在测量和评定方面，可以先用生活事件量表对服刑人员子女所受精神刺激进行定性和定量。受家庭环境和家庭成员影响较大的可以评定家庭功能和父母养育方式（EMBU）从而判断其人格的发展和存在的问题。对于已经出现的突出心理问题和不良情绪，如焦虑、抑郁等，可以通过相关量表测得。状态与特质性孤独量表可以用来区分短期、一过性或境遇性的孤独，用以判断父母入狱带给子女在亲社会性和社会满意方面的态度。详细量表和问卷请参见附录。

三、辅导方法

（一）长期目标

（1）降低焦虑的发生频率，保持正常的日常生活。

（2）解决焦虑的核心冲突（孩子的成长教育）。

（3）树立希望，配合改造。

（二）短期目标及干预措施

1. 目标 A：收集资料，客观了解情况

干预措施：

（1）运用一些量表对家庭的功能进行评估。具体量表参照本书后关于家庭功能评估的量表。

（2）耐心倾听服刑人员的叙述，看他是如何认识和归因自己与家人不和，如何看待家庭冲突的。评估维度可以是外归因或内归因，可控或不可控的归因，稳定或不稳定的归因。

（3）进行摄入性晤谈，了解服刑人员的生活状况、过去经历、情绪状况等具体问题。

在摄入性晤谈中最重要的是倾听，多引导服刑人员表达自己的感受，整个过程咨询师要做到积极关注，时不时点头或者回答“嗯”，给予回应。耐心倾听服刑人员的叙述，看他是如何认识和归因的。评估维度可以是外归因或内归因、可控的或不可控的归因、稳定的或不稳定的归因。

2. 目标 B：减轻服刑人员的焦虑情绪

干预措施：

（1）学习放松技术，训练服刑人员掌握意向放松、肌肉放松、深呼吸放松等方式，鼓励服刑人员运用这些技术应对平常出现的焦虑情绪。具体肌肉放松疗法参看本章第一节拓展阅读“放松疗法操作方法”。

(2) 可通过画画、种花、唱歌(如《水手》《真心英雄》等励志歌曲)、写日记等方式宣泄自身情绪。

(3) 把思念子女转换成好好改造的动力,争取减刑,早日出去陪伴孩子成长。

(4) 把自己对子女的承诺写下来,增强配合改造的动力。

(5) 当服刑人员表达对子女的期望时,引导其思考子女对自己的期望,并共同讨论怎样努力去达到子女的期望。

3. 目标C:减轻服刑人员对子女的内疚情绪

干预措施:

(1) 鼓励服刑人员通过书信、电话或探视等方式,表达自己的内疚感,多与子女沟通。

(2) 通过弥补行为减轻内疚感:如把每个月的工资寄回家、做义工等力所能及的事情。

(3) 为子女树立一个知错能改的榜样:勇于承认自己的错误,并对家人和子女道歉,表示会好好改造。用亲身经历告诫子女“知错能改,善莫大焉”。

4. 目标D:认识不合理认知,从而纠正不合理认知

干预措施:

给服刑人员讲解情绪ABC理论,告知其情绪是通过我们的认知决定的,我们能够通过改变自己的认知,增加其能够改善情绪的信心,帮助其找出不合理认知。

父亲面对子女的问题,存在的不合理认知通常有“我什么父亲的责任都没有尽到,我不是一个好父亲”“我做出这样的事情,我的子女一定不想认我这个父亲”等,抓住服刑人员过于绝对、偏激的说法,共同研究,并找出不合理之处,两人共同商量改变方法。比如,对子女的教育问题过于担忧,则共同探讨担忧所带来的作用,并启发其寻找更合理的认知和方式面对子女的问题,如好好改造,争取减刑,早日与家人团聚。

5. 目标E:积极看待子女的问题,增加与子女的联系与互动

干预措施:

(1) 与服刑人员共同探讨在狱中自己能够为子女做些什么事情。比如,给子女树立知错能改的榜样,把自己的生活经历和感受讲给子女听,多与妻子沟通子女的问题等。

(2) 多与家人沟通,主动关心子女的学习、生活和情绪,多花时间了解子女,如果家人探访比较少,鼓励其通过信件、电话等去和子女沟通。

(3) 鼓励服刑人员给子女做一份礼物,在子女生日或节日的时候送给子女,表达自己对子女的思念和关心。

（4）不要将子女的问题与大人的矛盾冲突混为一谈，大人争吵不应当着子女的面，也不要将子女拉入一方的同盟与另一方对抗。避免将自己的负面情绪向子女发泄，保持与子女的良性互动。

（5）家庭治疗。家人来探访时，与家人沟通，告知家人的支持与鼓励对服刑人员改造的重要意义。鼓励子女原谅和接纳父亲，为父亲写信，表达自己对父亲的期望和接纳。对于沟通有问题的家庭，多引导家庭成员表达自己的感受，处理家庭成员之间埋怨等不满情绪，可通过角色扮演或情景剧的形式，引导换位思考。

（6）制定家庭生活的新规则，如多久探视一次，讨论家庭的一些问题共同决定等。

（7）学习赞美对方，运用沟通技巧，改善家庭成员的互动模式。

（8）分享改善后的互动模式。

6. 目标F：调整教养方式，与子女达成行为契约

干预措施：

（1）多与家人沟通交流，分别表达自己的和对方的期待与要求。要求每一次探视都与家人谈话，尽量说出彼此的看法，尽量理智一点。

（2）由心理咨询师和服刑人员及其家人一起协商一个双方都可以接受的协议。例如，关于孩子的教育问题和经济问题等。

（3）开展关于如何处理与子女关系的团体辅导，促进服刑人员相互交流经验，相互学习。从身边的正面榜样中学习以及建立与子女之间良好关系的信心。具体拓展参考表5－2。

表5－2　关于“如何处理与子女关系”的团体辅导

主题	入狱后如何处理与子女的关系
对象	家里有子女的服刑人员（10～15人，团体中最好特意安排有3个左右已经处理好与子女关系的服刑人员，作为正面例子）
开始环节	宣布保密原则，团体内签订契约：团体成员说的每一句话、每一件事都不能向外界透露，并在整个团体过程中，不责备、不批判团体成员，接受意见不一致的情况存在
破冰游戏	模仿大咖秀： 全部人围成一个圈，团体领导者指定一人站在圈的中间，领导者放音乐，在圈中的人闭上眼睛，圈外的人跟着音乐按顺时针方向走动。当音乐停下的时候，圈外的人也停止走动。停止后，圈中人做一个动作，正对着圈中人正脸的圈外人进行模仿。如大部分团体成员都认为模仿成功，圈中人继续留在圈中。继续下一轮，直到圈外人不能模仿其动作，模仿的那个人跟圈中人交换位置。按照同样步骤，继续游戏

（续上表）

分享与子女的趣事	指导语： 今天我们的主题是：入狱后如何处理与子女的关系。在座的各位都是父亲，在今天活动开始前，可以跟大家分享一下你和自家孩子的一些有趣的事情吗
入狱后与子女的关系有什么变化	指导语： 嗯嗯，谢谢大家刚才的分享，看来家有一小，如有一宝啊。虽然每个家庭的情况都不太一样，但是共同的是孩子都给我们的家庭带来了很多欢乐。入狱之后和孩子见面少了，你和孩子的关系有没有什么变化呢 如果没人主动发言，可再进一步鼓励分享： 跟大伙说说，好吗？大家都是父亲，可能遇到的问题是一样的，说出来大家一起想办法，好吗
怎么看待和处理这个变化	指导语： 谢谢大家的分享，接下来请大家思考的是，你是怎样看待这些变化的，想想你改善什么可以促进你和孩子之间的关系。下面有三分钟的思考时间，请大家把自己的感受和处理方法写下来。三分钟后请大家分享一下自己写的内容
写下想要对子女说的话	指导语： 刚才听了大家的感受和处理方法，大家都希望和孩子保持良好的关系，刚才也听了很多人的分享，其中有一些很好的处理方法，我觉得大家可以相互借鉴一下的。大家入狱后和孩子见面少了，一定有很多话想对孩子说。在今天团体活动的最后阶段，把你想对孩子说的话写下来，好吗？有机会可以把你写的东西寄给孩子看
备注	在思考和写信阶段，可以播放一些抒情、安静的音乐，如《卡农》《小夜曲》《费加罗的婚礼》等轻音乐

7. 目标G：在狱中建立良好的社会支持系统

干预措施：

（1）积极参加狱中活动，转移对子女焦虑的注意力，培养自身的兴趣爱好，更好地适应狱中生活。

（2）主动结交朋友，情绪不佳时可与好友或有同样情况的狱友交流和倾诉，相互鼓励和支持。

（3）尝试着打开心扉，对别人多点微笑和为别人做一些力所能及的事情，在人际交往中找到自身的价值。

（4）布置家庭作业：记录10件帮助别人的小事，并写下帮助别人后的感受，一个星期后查看其记录，肯定其价值。

咨询参考语句："帮助人之后有什么感受呢?""嗯，很棒，帮别人那么多事情，你是一个很有价值的人，相信会有越来越多的人想和你做朋友的。"

（三）效果评估

评估咨询后服刑人员的情况是否得到改善，服刑人员自身、咨询师和身边人都可从知、情、意三个方面去评估：

（1）知：先前引发不良情绪的不合理认知是否纠正，目前的认知是否积极向上。

（2）情：不良情绪是否得到改善，最近一个星期的情绪状态如何。除了服刑人员自我评估和咨询师观察外，可借助相关量表进行评估，比如：SCL－90、SAS、SDS。如咨询前做过同样的量表，可进行前测和后测的比较。

（3）意：是否对自身有了进一步的了解，是否更接纳自己，在狱中的人际关系是否得到改善并建立自身的社会支持系统，对子女的担心是否减轻，是否建立了努力改造的自信心。

第三节　伤害、杀害亲人

阅读材料

2003 年 6 月 15 日，某县 17 岁的初中学生李阳（化名），为筹集玩网络游戏的钱款，深夜潜入叔叔家，将爷爷、奶奶、叔叔等一家五口杀害，其中一人身中 60 几刀。

一、问题与成因

伤害、杀害亲人是一种不被社会包容的行为。通常犯罪嫌疑人都属激情犯罪，有一定的精神心理压力和易冲动的人格特质作为基础，当不良情绪得不到排解时就会满溢、瞬间爆发，极端表现即对亲人造成重大伤害，甚至导致死亡。因为被害者的特殊性，服刑人员会表现出强烈的内疚感，这种行为违背了个人良知、家庭良知和社会良知，使服刑人员陷入深深的愧疚中。其可能会表现出过分内疚、自残、不断自责等情况。出现这种情况的服刑人员通常都有一定的人格基础，冲动型人格和不成熟的应付方式是造成违法犯罪的部分原因。

二、表现与评估

1. 心理表现

服刑人员有很深的内疚感，自卑，不与人沟通，害怕别人歧视自己，感觉麻木，自我评价过低，无愉快感，有睡眠障碍，常常想起杀害亲人时的场景，害怕被报复等。人际关系和社会功能受到不同程度的损害，如果出现幻听、幻视等症状，要及时与医生联系。

2. 行为表现

服刑人员可能会行为减少，思维迟缓，有自残的行为或倾向，不爱说话，比较暴躁，不喜欢别人接近或打听自己的事。

3. 心理评估量表

可以采用焦虑自评量表（SAS）、贝克焦虑量表（BAI）、汉密尔顿焦虑量表（HAMA）等来评定服刑人员广泛性的焦虑等级，还可采用 Beck 抑郁问卷（BDI）、自评抑郁量表（SDS）和抑郁状态问卷（DSI）等来对其抑郁情况进行判断和排查。

三、辅导方法

（一）长期目标

（1）走出自我困境，开始新的人生。

（2）减少内疚感，不影响正常的社会功能。

（3）认识自己的价值。

（二）短期目标及干预措施

1. 目标 A：全面了解服刑人员的症状、家庭情况，以及杀害亲人事情的始末，了解服刑人员的内心感受，判断其情况的严重程度，并且给出正确的诊断

干预措施：

（1）通过谈话和入监时的资料了解服刑人员的基本资料，包括个人成长史、家庭关系、人际关系、家族有没有精神病史等。运用量表等方法评估服刑人员的情况，并且在谈话过程中找出服刑人员的不合理认知、情绪和行为特点。

（2）鼓励服刑人员说出自己的痛苦经历，尽量描述得详细一些，通过诉说来宣泄一部分情绪。倾听的同时要注意共情，也就是理解服刑人员的情感并且转述给他听，说明你是理解他的。理解，是要站在他的角度思考问题，理解他的感受。信任，是要相信他有能力解决问题。积极关注，一直关注他，不要对他出现一些不该有的情绪，如厌恶、不耐烦等。一直关注他的言行，并适时赞美一下，让他知道自己一直都受到关注。此外，鼓励其说出当时的

内心感受，要耐心地听他说。

（3）若是出现严重的症状，如幻视、幻听、妄想、自杀等，要及时转介到专门的地方接受治疗。

2. 目标B：合理宣泄情绪

干预措施：

（1）了解服刑人员的基本情况，帮助其把压抑在心里的负面情绪通过合理的途径宣泄出来。鼓励其与关系较好的人说出自己的苦恼，遇到不好的事先倾诉出来，或者写在日记本上，通过“写”这个动作宣泄情绪。可以让其他服刑人员主动去搭理他，陪他说说话、聊聊天。主动发给他一本特殊的日记本，让他记下自己的一些内心感受和一些日常发生的事。

（2）听一些比较有正能量的歌，如《水手》之类，从歌词中获得正能量，也在学唱的过程中宣泄一部分情绪。可以把歌词打印出来发给服刑人员，有空可以让大家出来拉歌，大声唱出来。一周两到三次，一个月后看效果如何。

（3）人在运动的过程中就没有精力再去想其他事情，运动本身也可以耗费体能和精力。安排一定的运动量可以宣泄情绪，鼓励服刑人员遇到不开心的事就去做一些自己喜欢的运动，在运动过程中冷静下来，之后再分析事情。最好稍带一点强制性，可以让狱友陪着一起运动，一周大概两到三次，一个月后再进行反馈，看效果如何。

（4）如果服刑人员每天依旧沉浸在自责、内疚中，就跟服刑人员商量，每天固定一个时间来体验这种情绪，其他时间就不要再想这件事，慢慢地拉长体验情绪的间隔和缩短体验的时间。制订计划时，干警要充分尊重服刑人员，按照他的时间进行安排，得到他的同意后要求他自己严格执行。一周后观察其情绪状况，若无效果则需要重新与服刑人员交谈，看计划哪里出了问题。

（5）找时间与服刑人员谈话。确定之前工作的效果，在取得其信任的基础上，让其回忆杀害亲人时的场景，不断地回想，尽量详细地描绘出当时的情景，特别是细节部分，使他可以慢慢地面对让自己痛苦的事情，并且克服它。恐惧源于未知，只要服刑人员不再想象那些恐怖的场景，而是去描述和面对，就不会再恐惧。

3. 目标C：降低抑郁情绪

干预措施：

（1）通过访谈了解抑郁情绪，并且运用SDS评价抑郁程度。如果严重则及时转介到专门的地方接受治疗，并且预防自杀行为。

（2）分析抑郁的病因。从服刑人员的谈话中详细了解自己想要知道的资料，但谈话方式应温和。鼓励服刑人员说出自己的痛苦经历，尽量描述得详细一些，通过诉说来宣泄一部分情绪。倾听的同时要注意共情、理解、信任、积极关注，并且鼓励其说出当时的内心感受。

（3）给服刑人员布置日记。要求将其每天生活经历中的负性思维记录下来，一起讨论这些负性思维给自己的情绪和行为带来的消极影响，并且探讨如何转变思维，以怎样的积极认知取代这些消极认知。

（4）善于发现与强化服刑人员增强自信和促进适应性行为的积极的、有现实基础的认知及行为；要求服刑人员每天用积极、肯定的语气写一段关于肯定自我积极方面的文字，或者面对镜子说一些关于肯定自己的话，提高自我意向。

（5）要求服刑人员练习使用积极的思维取代消极的思维，并且记录实施取代后的效果和心理体验，坚定“思维决定情绪”和“思维方式是可以自由选择的和可变的”的信念。

4. 目标D：学习人际沟通的方法，改善人际社会关系

干预措施：

（1）鼓励服刑人员多与他人沟通交流，对话时看对方的眼睛，并有一些自然的肢体动作。

（2）鼓励服刑人员积极参加一些监狱内举行的活动，多表达自己的感受。可以从开始用本子记下，再慢慢过渡到直接说出来。

（3）协助服刑人员规划未来。出狱后的生活，可以以三个月、半年、一年或者三五年为时间段，确定未来的职业方向与人生目标，建议阅读有关职业生涯规划的书籍和资料，参加相关的讲座培训等。

5. 目标E：改正不合理认知，控制自己的小情绪

干预措施：

（1）在与服刑人员访谈过程中，了解服刑人员的不合理认知，如不符合逻辑的或者极端、夸张的想法。

（2）指出其不合理的认知，并且用ABC合理认知疗法帮助服刑人员建立合理认知，ABC合理认知疗法参照本章第一节的技术，严格按照步骤实施。

（3）告诉服刑人员一些控制愤怒的小方法，比如，有了愤怒情绪忍30秒之后再发作；有节奏地拍打大腿，节奏越来越慢，控制情绪。

（4）帮助服刑人员一起构建合理的信念及目标。比如，三个月内要达到什么样的状态，一年后过的是什么样的生活等具体目标，要根据实际状况来构建。

（三）效果评估

1. 服刑人员的评价

内疚情绪减少，人际关系变好，情绪能够得到较好的控制。

2. 干警评估

情绪稳定，有较好的社会支持系统。有生活目标，不合理认知减少。

拓展阅读

消除内疚感团体辅导方案

目的：通过团体辅导帮助小组成员缓解内心的内疚感，同时引导小组成员正确面对自己以及离世或受到伤害的亲人，放下心中的包袱，接纳自己，融入正常的生活。

活动背景：伤害或杀害亲人。

背景分析：小组成员是服刑人员，因为伤害或者杀害亲人而入狱，服刑人员会自责、内疚，甚至会出现抑郁、焦虑等情绪，以及失眠、头痛等生理症状，更严重的可能出现幻觉、胡言乱语、精神失常等症状，身心遭受双重煎熬。在这样的背景下，咨询师（干警）介入，更多的是解决成员内在的压抑，帮助大家正确看待结果，合理反省自己并且真切地抒发内在感情。

领导者：具有团体心理工作背景的干警1~2名。

团体人数：15人以内，如果需要将分组。

时间：90分钟。

场地：室内。

材料：纸巾，信纸若干张，伤害过的亲人的照片（如果没有就用一张纸写上离世家人的名字代表），便利贴，一面墙（可贴便利贴），透明胶。

背景音乐：节奏舒缓的音乐或送别歌曲。

入组筛选：根据服刑人员的严重程度和情绪行为判断。

步骤：

(1) 明确团体的目的及过程，明确基本规则，如成员平等、互相保密，不要将其他成员的讲述记下来，中途不得随意离开等。注意：时间不宜过长。

(2) 干警引导服刑人员做放松训练，可以是呼吸放松等，时间为5~10分钟。

(3) 放松之后，给每位服刑人员发一张信纸，让他们给自己伤害过或杀害了的亲人写一封信，信的内容要包括伤害或杀害亲人的原因以及之后的感受，还有想要对伤害过或杀害了的亲人说却还没来得及说的话。时间为20分钟左右，视情况而定。

(4) 写完之后，干警帮助服刑人员把信纸贴到墙上，让每个服刑人员对着信纸小声地念或者默念，把压抑在心里的情绪发泄出来。

(5) 之后由干警组织讲话，让每个服刑人员说一下此时的内心感受，表达出自己宣泄情绪之后的体验。

（6）第一轮结束后，干警引导：我们总是抱怨自己做得不够好，但是，请感谢自己，因为我们一直在努力着，并且会一直努力下去！即使有时我们用错了方法，但我们从没有放弃过自己，感谢自己，让自己走到了现在，虽然现在过得不算好，但以后会更好的。

（7）播放手语歌《感恩的心》，可以跟着做动作或跟唱。

（8）干警总结：我们虽然犯过许多错误，但不曾放弃自己，在多次的自我悦纳和自我否定的基础上，大家会更加接受现在的自己，不再沉浸在过度的自责和悲伤中无法自拔，愿亲人安康，我们要更加积极地生活下去。

第四节　家庭关系紧张

阅读材料

王某，45岁，入狱两年多，没有家人探望，没有收到外面家人的来信和消息。因其在入狱前就与妻子关系不好，犯事入狱后，与妻子关系更加恶劣，妻子提出离婚，其与子女的关系也不好。王某在狱中情绪持续低落，不愿跟其他人交流，有时比较暴躁。随便对别人发脾气。工作热情不高，对现在的岗位没有兴趣，劳动中提不起精神，无法完成劳动任务，人际关系不好，一言不合就与人吵起来。

一、问题与成因

本节讨论的家庭关系紧张主要是指夫妻关系不和，关于子女关系不和请参阅本章第三节。夫妻关系紧张是许多已婚的服刑人员面对的问题。其中产生冲突的主要原因是夫妻分离，一方失去自由，家庭的经济负担加重，子女教育出现问题，夫妻感情破裂，价值观、婚姻观不同等。处理不当的家庭矛盾和纠纷日积月累会导致家庭成员之间产生情感隔阂，形成精神心理上的巨大压力。长此以往会对家庭成员的身心健康及家庭正常生活造成严重影响。在长期处于压抑、争吵或暴力的家庭环境下，个体对亲人实施犯罪的可能性也会大大增加。

二、表现与评估

1. 心理表现

情绪暴躁易怒或者冷漠。与家人不和，情绪焦虑或感觉失望、悲伤。希望有一个和睦的家庭，但残酷的现实矛盾导致深刻的精神折磨，内心煎熬。也可能因达不到家人的期望而自卑。

2. 行为表现

不愿与妻子交流，经常与妻子因为一些小事吵起来，自己控制不住愤怒等情绪。与别人相处时以自我为中心，较少考虑他人的感受。

3. 心理评估量表

对于因家庭事务导致的心理压力、精神情绪紧张，可以通过焦虑、抑郁量表测得。应对方式量表可以反映个体的压力处理能力，可以预判个体相关的行为模式。可用家庭环境量表（FES－CV）、家庭亲密度与适应性量表（FACES Ⅱ－CV）及家庭功能评定问卷评定家庭环境、家庭成员的亲密度、家庭观和情感表达方面的态度。具体内容在前文已提及，详细测量方法请参见附录。

三、辅导方法

（一）长期目标

（1）学会调整自己的生活方式和生活态度，理解和谅解对方。

（2）如果离婚不可避免，经辅导，要达到心平气和，理智分手。避免或减少因离婚可能带来的身心性疾病或精神障碍。反思婚姻失败的原因和总结人生经验。

（3）减少离婚对子女和其他家人的负面影响。

（二）短期目标及干预措施

1. 目标A：倾听服刑人员的情感故事，评估其婚姻冲突的性质、类型和程度

干预措施：

（1）对服刑人员的遭遇表示共情和理解，给予温暖的精神支持，积极关注服刑人员曾经的付出。可以运用 Olson 婚姻质量问卷（ENRICH）和 Locke－Wollance 婚姻调试问卷对服刑人员的婚姻质量进行评估。了解服刑人员的症状和不良感受，特别是主观体验。

（2）引导服刑人员明白减少婚姻冲突和矛盾的重要性。离婚并不一定是坏事，问题在于你有没有为挽救自己的婚姻努力过，如果努力之后还是改变不了结果，那么这一次的经历有没有使自己成长，是否还有勇气追求未来充满变数的生活。

2. 目标B：让服刑人员反思自己在婚姻冲突中的责任和原因，并进行调试

干预措施：

（1）启发式提问和促进自我审查：从单一对对方的指责向自我反思过渡。

如引导服刑人员思考自己是否太争强好胜，是否疏于关心对方，是否以自我为中心、自以为是，是否履行了应尽的家庭责任。

(2) 促使对方从单一的指责向“情有可原”的共情转变。反思自己的家庭为什么会出现这样的问题、自己的弱点在哪里、自己对配偶是否存在着刻板印象。

(3) 反思自己应对冲突的抉择。出现婚姻冲突和矛盾并不只有离婚一种选择，也不是通过换配偶就可以解决根本问题的。世界上永远只有经过相互适应的幸福婚姻，而没有天生就是最好的婚姻。想要通过离婚寻找幸福的人常常是将恋爱的感觉当成了婚姻的本质。事实上，平凡的婚姻生活总是忙碌、具体和现实的，而不是浪漫的理想国。

3. 目标C：认识自己的性格对婚姻冲突的影响，从改变自己的行为开始

干预措施：

(1) 性格不合成为许多人离婚最常见的原因。性格是很难改变的，而离婚危机就是一个可能触动改变和成长的机会。如果认为对方的性格难改，那么服刑人员自己的性格也是很难改变的。因此，不能只要求别人改，而自己没有打算改。最容易做到的其实是建立一种求同存异的家庭和谐观。

(2) 树立“要改变别人必须先从改变自己开始”的观念，培养自己的兴趣爱好，提高个人修养，避免为情所困。

4. 目标D：关心孩子成才，妥善处理好孩子的抚养与教育问题

干预措施：

(1) 主动关心孩子的学习、生活和情绪，多花时间了解孩子，可以通过信件、电话和探视等机会了解孩子。

(2) 不要将孩子的问题与大人的矛盾冲突混为一谈，大人争吵不应当着孩子的面，也不要将孩子拉入一方与另一方对抗。避免将自己的负面情绪向孩子发泄，保持与孩子的良性互动。

(3) 在孩子的抚养问题上达成一致，不要让孩子感觉自己失去了父爱或母爱，应该告知孩子，父母离异只是意味着他们不再在同一个屋檐下共同生活，父母的离异并不等于孩子失去父母的任何一方，孩子并没有因此失去父母的关爱，他有权去探望父母中的任何一方。

5. 目标E：协助已离婚的服刑人员摆脱离异的阴影

干预措施：

(1) 对于刚离婚不久的人，常常是旧的阴影挥之不去，许多的矛盾和纠结令人苦恼，对新的寻觅又疑虑重重；对原有对象充满怨恨，对未来婚姻又充满期待；对原有子女难以忘怀，对新的家庭成员又难以相处。离婚后的过程难以适应，可分为几个阶段，即经济、法律、空间距离、感情和心理上的离婚。也就是说，法律上的离婚和经济上的分割以及居住地的分开，并不等

于在感情和心理上就真能做到一刀两断。

（2）帮助服刑人员理清自己的情绪、情感问题。只有还清情债，才能走出原来婚姻的阴影，才不至于将纠结的情绪带到下一次婚姻中，才能打开闭锁的心灵，接受信任的追求，开始新的生活。动态评估服刑人员是否能从原来的婚姻中吸取教训和经验，是否有所成长。

（3）对于那些充满愤怒的离异者，要指导情绪的调控，树立新的理念，“两人虽不同生，但也不必同死，婚姻不是一把锁”“放过别人也是放过自己”“离异并不是绝望，反而是意味着某种新生活的开始”。

拓展阅读

改善家庭关系团体辅导方案

目的：通过团体辅导帮助小组成员缓和家庭关系，与家人建立良好的沟通方式。

活动背景：与家人关系紧张的服刑人员。

背景分析：小组成员是服刑人员，因入狱或者入狱前与家人关系紧张又想修复关系的服刑人员。服刑人员在狱中焦虑不安，急于改善与家人的关系。

领导者：具有团体心理工作背景的干警1~2名。

团体人数：15人以内，如果需要将分组。

时间：90分钟。

场地：室内。

材料：信纸、便利贴。

背景音乐：节奏舒缓的音乐或送别歌曲。

入组筛选：根据服刑人员症状的严重程度和情绪行为判断。

步骤：

（1）明确团体的目的及过程，明确基本规则，如成员平等、互相保密、成员不要将同伴的讲述记录下来等。

（2）播放背景音乐，如《爸爸去哪了》之类的歌，营造一个比较轻松的氛围。

（3）干警组织大家讲话，主题：说说自己最亲近的一个亲人或最喜欢的颜色、食物等。

（4）学会爱的表达：每个人轮流坐在椅子上，其他人轮流上前跟他说一句话。句式：××，我喜欢你，因为你……

（5）环节结束后，干警总结：爱是需要表达出来的，请大声说出你的爱。请服刑人员说说此时的内心感受。

(6) 给每人发一张便利贴，写下对家人的祝福，贴到爱心墙上。

(7) 给每个人发一张信纸，写一封信给家人，内容为写出对家人的爱，表达出自己对家人的爱，干警会帮大家寄出去。

(8) 干警总结：大家要多和家人交流沟通，这样才能找出有效的沟通方式。

（三）效果评估

1. 自我评估

夫妻关系变好，矛盾冲突减少，对话方式改变，情绪波动减轻，各自对对方的满意程度提高。

2. 干警评估

情绪稳定，对夫妻生活和婚姻冲突的认识更加深刻，不再纠结过去的矛盾和过失，能够乐观地面对现实生活和未来生活。

第五节　家庭变故

阅读材料

周某，28岁，入狱两年以来与家人关系较好，其间其父亲因病去世，但周某没能见到最后一面，也没能参加葬礼等。周某在狱中情绪持续低落，不愿跟其他人交流，行动缓慢。非常自责，对自己感到非常不满。不积极参加狱中活动，把自己封闭起来。工作热情不高，常常自己发呆，沉浸在悲伤中，有失眠等生理症状，持续一个多月仍没有好转。

一、问题与成因

家庭变故主要包括亲人离世、亲人病重和亲人遭遇自然或人为灾害。家庭变故往往会对服刑人员造成打击，对自己的处境以及家里发生的事无能为力而后悔、自责、内疚，甚至会出现抑郁、焦虑等情绪和失眠、头痛等生理症状，更严重的可能出现幻觉、胡言乱语、精神失常等症状。这类服刑人员可能与家人关系较好，性格比较内向。

二、表现与评估

1. 心理表现

一时难以接受事实，有强烈的丧失感，伤心，后悔没有在亲人生前好好对他，遗憾，内心伴随着深深的悲伤，甚至有抑郁、焦虑的情绪。

2. 行为表现

沉默，不愿与人交流，总是沉浸在自己的悲伤情绪中不愿出来，可能伴随着失眠、多梦等生理症状。

3. 心理评估量表

对于情绪和心理状态的评估可以采用相关负性情绪评定量表，家庭亲密度等的评定前文也已提及，具体量表请参见附录。

三、辅导方法

（一）长期目标

（1）走出悲痛，继续生活。

（2）改善人际关系。

（3）合理处理情绪。

（4）获得社会支持。

（5）接纳事实，增强家庭支持系统。

（二）短期目标及干预措施

1. 目标 A：合理宣泄情绪

干预措施：

（1）了解服刑人员的基本情况及严重程度后，需要其把压抑在心里的负面情绪通过合理的途径宣泄出来。鼓励其遇到不好的事先倾诉出来，或写在日记本上，通过“写”这个动作宣泄情绪。

（2）听一些比较有正能量的歌，从歌词中获得正能量，也在学唱的过程中宣泄一部分情绪，最好自己大声地唱出来。

（3）人在运动的过程中就没有精力再去想其他事情，运动本身也可以耗费体能和精力。安排一定的运动可以宣泄情绪，鼓励服刑人员遇到不开心的事就去做一些自己喜欢的运动，在运动过程中冷静下来，之后再分析事情。

（4）如果服刑人员每天依旧沉浸在自责、内疚中，就跟服刑人员商量，每天固定一个时间来体验这种情绪，其他时间就不要再想这件事，慢慢地拉长体验情绪的间隔和缩短体验的时间。

（5）找时间与服刑人员谈话。确定之前工作的效果，在取得其信任的基础上，不断地回想，尽量详细地描绘出与亲人在一起时的情景，特别是细节部分。

2. 目标B：改正不合理认知，正确对待死亡

干预措施：

（1）在与服刑人员访谈过程中，了解服刑人员的一些不合理认知，如对待死亡的态度、对亲人离世的看法以及对自己不能给亲人送终的看法。

（2）指出不合理认知，并且用ABC合理认知疗法帮助服刑人员建立合理的认知，具体技术可以参考本章第一节的技术部分。

（3）鼓励服刑人员与亲人交流，劝说其亲人安慰服刑人员，让其不要太自责。

（4）帮助服刑人员一起构建合理的信念及目标，走出悲痛，树立正确的人生观和合理的人生目标。

3. 目标C：减少焦虑情绪

干预措施：

（1）通过访谈了解服刑人员的家庭情况，找到其焦虑的根源，是对亲人的不舍还是因为自己没有照顾好亲人而内疚等。

（2）与服刑人员共同探讨这些焦虑的根源，并且判断其合理性。

（3）运用空椅子疗法让服刑人员与亲人告别。

（4）学习放松技术，训练服刑人员掌握意向放松、肌肉放松、深呼吸放松等方式，鼓励服刑人员运用这些技术应对平常出现的焦虑情绪。

4. 目标D：降低抑郁情绪

干预措施：

（1）通过访谈了解抑郁情绪，并且判断其程度，如果严重则及时转介专门的地方进行治疗，并且预防自杀行为。

（2）分析抑郁的具体病因，鼓励服刑人员说出自己的痛苦经历，尽量描述得详细一些，通过诉说来宣泄一部分情绪。倾听的同时要注意共情、理解、信任、积极关注，并且鼓励其说出当时的内心感受。

（3）给服刑人员布置日记。要求将其每天生活经历中的负性思维记录下来，一起讨论这些负性思维给自己的情绪和行为带来的消极影响，并且探讨如何转变思维，以怎样的积极认知取代这些消极认知。

（4）善于发现与强化服刑人员增强自信和促进适应性行为的积极的、有现实基础的认知及行为；要求服刑人员每天用积极、肯定的语气写一段关于肯定自我方面的文字，或者面对镜子说一些关于肯定自己的话，提高自我意向。

（5）要求服刑人员练习使用积极的思维取代消极的思维，并且记录实施取代后的效果和心理体验，坚定“思维决定情绪”和“思维方式是可以自由选择的和可变的”的信念。

5. 目标E：告别亲人，重新开始生活

干预措施：

（1）了解具体的情况之后，利用空椅子疗法告别离世的亲人，把没有说

完的话说出来，把没有做完的一些事完成。

（2）干警要有共情，鼓励其积极参与其他事务，开始面对亲人的死亡并且接受现实，勇敢走出悲伤和痛苦。

（3）干警可以分配一些事给服刑人员做，增加自信心，转移注意力。具体方法可以参照前文。

拓展阅读

哀伤治疗团体辅导方案

目的：通过团体辅导帮助小组成员缓解内心的压力与内疚，同时引导小组成员正确面对死亡，健康地度过哀伤期，恢复正常的生活。

活动背景：家人离世或者患重病。

背景分析：小组成员是服刑人员，在服刑期间家人离世或者病重会使服刑人员产生强烈的丧失感和内疚感，因为亲密的家人离世和不能给家人送终，服刑人员会自责、内疚，甚至会出现抑郁、焦虑等情绪和失眠、头痛等生理症状，更严重的可能出现幻觉、胡言乱语、精神失常等症状，身心遭受双重煎熬。在这样的背景下，咨询师（干警）介入，更多的是解决成员内在的压抑，帮助大家正确看待结果，合理反省自己并且真切地抒发内在感情。

开展核心：典型的哀伤三部曲，并且掺杂着严重的内心情感压抑。咨询师（干警）需要把整个辅导的中心放在小组成员的情感抒发及宣泄上。由于内心的丧失感和自责，服刑人员往往会压抑自己的感情，进而引起一系列的生理和心理问题。咨询师（干警）需要注重小组成员的情感引导，同时控制不合理情绪。

领导者：1~2 名具有团体心理工作背景的咨询师（干警）。

团体人数：15 人以内，如果需要，将分组。

时间：90 分钟。

场地：室内。

材料：白色菊花、纸巾、离世家人的照片（如果没有就用一张纸写上离世家人的名字代表）。

背景音乐：节奏舒缓的音乐或送别歌曲。

入组筛选：根据服刑人员症状的严重程度和情绪行为判断。

步骤：

（1）明确团体的目的及过程，明确基本规则，如成员平等、互相保密、成员不要将同伴的讲述记录下来、中途不得随意离开等。

分析:情调主题，避免过程中出现抵触情绪。

注意：时间不宜过长。

(2) 回忆并诉说与离世亲人生前的关系以及印象深刻的事。每人说三四分钟，咨询师（干警）掌控时间。

分析：回忆诉说，带动代价情感投入，宣泄情绪。

注意：保持安静，营造氛围，可以搭配适当的音乐或者语言引导。

(3) 叙事治疗。情景再现与宣泄（脱敏环节）：调整呼吸，放松身体，时间倒回到与离世亲人最后相处的那段时间。每个人都具体说说当时发生了什么，当时的感受是怎样的？现在的情绪怎样？如果不愿意用语言表达，就用白纸作画，用你选择的色彩把这些场面画在纸上（画完之后再用语言作出图画的说明）。

分析：建立信任，打开话匣子，逐渐发现小组成员的潜在问题。

注意：咨询师（干警）要设计好自己的位置，不宜太过情感化而失去判断，在分享内心情感的同时需要认真倾听小组成员的叙述。对于过于极端的小组成员，要给予进一步记录和观察。

(4) 保险箱技术。利用音乐与语言引导小组成员打开心扉，明确自己对逝者的感情，并且借助这份感情，用笔写下最想对离世亲人说的话。

分析：放松技术，通过对逝者的哀悼，达到与小组成员的共鸣。可以在一定程度上缓解小组成员对亲人的思念，同时让他们更加真实地面对自己的感情。

注意：保持整体的流程，注意技巧的熟练程度。

(5) 空椅子技术。利用空椅子象征，让每位小组成员将自己的内心话诉说给逝者。

分析：运用空椅子技术，表达因突发事件未能来得及完成的心愿，有效释放出内在的情感，带动整体气氛，也使内心压抑的情感得到宣泄。

注意：给予小组成员足够的时间叙述，让他们尽可能多地宣泄。

(6) 集体向逝者演唱送别歌曲：需要反复推敲决定唱哪一首。(如果无法得到统一的答案，就每人唱一首)

分析：最真诚的感情流露，并且是集体活动，促使一些内心压抑较深的人，拥有宣泄的机会。

注意：咨询师（干警）防止自身被气氛吞噬，需要保持一定的清醒，同时确保活动过程不会因为成员哭泣而停止。

(7) 分享内心感受，支持同伴，自我总结，互相拥抱等。

分析：在感情宣泄后要理性思考，认知矫正过程。

注意：咨询师（干警）应该着重应用认知技巧，重点放在前面发现问题的小组成员上，改变他们的极端认识，帮助他们建立良好的心态。

(8) 介绍应激事件发生后正常的身心反应，必要时处理还需要处理的症状。

分析：知识模板的建立，帮助大家建立一个明确、完善的认知。

注意：语言应该简单易懂，不宜夹带太多的情感，咨询师（干警）要能在短时间内从情绪中走出来并完成这些工作。

（三）咨询效果评估

1. 服刑人员自我评估

情绪波动减轻，社会功能正常。

2. 干警评估

情绪稳定，能够乐观地面对现实生活和未来生活。

拓展阅读

行为有度原则的基本要求

行为有度是指心理咨询师的工作责任、界限、功能、作用和效果都是有限的。心理咨询师应该知道自己的责任与义务的界限，有所为，有所不为，严格遵守咨询的科学和伦理法度。

行为有度的基本要求：

(1) 心理咨询的契约关系大多是暂时的，而不是永久的。所以，必须明白的是咨询目标不可能去影响或改变服刑人员的整个人生、整个家庭和整个社会际遇，而大多只是阶段性的。因此，从某种意义上来说，心理咨询事先要明确或约定工作的行为边界，这种工作边界是由双方主观愿望决定的。

(2) 心理咨询师与服刑人员之间建立的关系，对咨询效果的影响尤为重要。但双方在咨询室内建立的信任、融洽和理解的关系容易变成社会生活中的情感关系，诱发移情或者反移情。因此，心理咨询师要牢记与服刑人员之间的感情沟通的限度，不应使服刑人员对自己形成感情依赖。

(3) 心理咨询的行为有度还包括责任和义务的有限性、咨询效果的有限性。心理咨询效果取决于多方面的因素，尤其受服刑人员自己的依从性和家庭环境等多因素的制约，心理咨询师不必要为理想的咨询效果承担过重的责任。

(4) 耐心倾听。尊重、耐心并参与性地听，边听边适时、适度地点头，或者轻微地回答“嗯”等语气词或“是的”“我明白”等短语，表示咨询师人在心也在。对服刑人员自我解剖和暴露隐私的勇气，及时给予适当的肯定和鼓励。也可以简要地重复一下服刑人员刚才说过的话或事，鼓励其将这个话题继续深入下去。在倾听过程中，当服刑人员叙述的想法、观点、事情、情感等信息出现模棱两可、难以明白和确认的情况时，咨询师用“你刚才说的意思是……”的疑问句式求证服刑人员表述的真实语义。

摄入性晤谈的内容框架

（1）人口学资料：姓名、性别、年龄、出生地、民族、文化程度、家庭成员、宗教信仰、婚姻状况等。

（2）来咨询的原因或主诉，明确服刑人员想要解决的主要问题。内容包括：主诉和服刑人员对咨询目标或咨询效果的期望。

（3）询问主诉的参考语句：“今天你希望我们一起来讨论些什么问题呢?”“最近发生什么事了呢?”“最近最困扰你的是什么呢?跟我说一下，好吗?”

（4）询问服刑人员对咨询目标或咨询效果的期望的参考语句：“你希望通过咨询达到什么样的目标呢?”“你希望我能够给你提供什么帮助呢?”

（5）现病史。即从服刑人员首次出现本次咨询的心理问题和症状开始一直发展到现在的全部过程，包括引发心理问题的刺激和前因后果、服刑人员自己对这些事件的认知、情绪和行为反应、症状表现和持续时间。询问的参考语句：“出现这种情况多久了呢?”“出现这种情况的时候，你的感受是怎样的呢?”“你怎样看待这件事情（这种情况）呢?”

附录一　焦虑相关量表

一、焦虑自评量表（SAS）

（一）简介

焦虑自评量表（Self－rating Anxiety Scale，SAS）由华裔教授Zung于1971年编制，是一种分析病人主观症状的相当简便的临床工具，适用于具有焦虑症状的成年人，具有广泛的应用性。

（二）项目、使用方法、结果解释

1. 项目

下面有20条文字，每条文字后有4个选项，①表示没有或很少时间；②表示小部分时间；③表示相当多时间；④表示绝大部分或全部时间。请仔细阅读每条文字，把意思弄明白，然后根据您最近一个星期的实际情况在适当的选项上打钩。

1. 我觉得平时容易紧张或着急。	①	②	③	④
2. 我无缘无故感到害怕。	①	②	③	④
3. 我容易心里烦乱或感到惊恐。	①	②	③	④
4. 我觉得我可能将要发疯。	①	②	③	④
5. 我觉得一切都很好。	①	②	③	④
6. 我手脚发抖打颤。	①	②	③	④
7. 我因为头痛、颈痛和背痛而苦恼。	①	②	③	④
8. 我觉得容易衰弱和疲乏。	①	②	③	④
9. 我觉得心平气和，并且容易安静坐着。	①	②	③	④
10. 我觉得心跳得很快。	①	②	③	④
11. 我因为一阵阵头晕而苦恼。	①	②	③	④
12. 我经常晕倒发作，或觉得要晕倒似的。	①	②	③	④
13. 我吸气呼气都感到很容易。	①	②	③	④
14. 我的手脚麻木和刺痛。	①	②	③	④
15. 我因为胃痛和消化不良而苦恼。	①	②	③	④
16. 我常常要小便。	①	②	③	④
17. 我的手脚常常是干燥温暖的。	①	②	③	④

18. 我脸红发热。　① ② ③ ④
19. 我容易入睡，并且一夜睡得很好。　① ② ③ ④
20. 我做恶梦。　① ② ③ ④

2. 使用方法

SAS 适用于具有焦虑症状的成年人，自评过程应是独立的，不受任何人影响。评定的时间范围应强调是现在或过去一周。每次评定要在 10 分钟内完成。

3. 结果解释

正向计分题按 1、2、3、4 分计；反向计分题按 4、3、2、1 分计。反向计分题号：5、9、13、17、19，其余题目均为正向计分题。总分乘以 1.25 取整数，即得标准分。分值越小越好，分界值为 50。

（三）量表评价

（1）SAS 是一种分析病人主观症状的相当简便的临床工具。作者对 36 例神经官能症患者进行了 SAS 评定，并同时用 HAMA 量表做询问检查，两表总分的 Pearson 相关法的相关系数为 0.365，Spearman 等级的相关系数为 0.341，结果表明 SAS 的效度相当高。国外研究认为，SAS 能较准确地反映有焦虑倾向的精神病患者的主观感受。而焦虑则是心理咨询门诊中较常见的一种情绪障碍，近年来，SAS 已作为咨询门诊中了解焦虑症状的一种自评工具。

不同精神疾患的 SAS 总分（标准分）

	例数	总分均值	标准差
焦虑症	22	58.7	13.5
精神分裂症	25	46.4	12.9
抑郁症	96	50.7	13.4
人格障碍	54	51.2	13.2
正常对照组	100	33.8	5.9

（2）对中国正常人 1 158 例常模研究结果，15 项正项计分题均值为 1.29 ± 0.98；5 个反向计分题均分为 2.08 ± 1.71；20 项总分均值为 29.78 ± 0.46，可作为常模总分均值之上限。

（3）全国部分量表协作组对 129 例神经衰弱、焦虑症和抑郁性神经症进行了检查，得出 SAS 的平均总分为 42.98 ± 9.94. 其中神经衰弱为 40.52 ± 6.62 分，48 例焦虑症为 45.68 ± 11.23 分。经 F 值检验的结果无显著意义，$p > 0.05$。表明自评性焦虑症状量表 SAS 无法区分三类神经症的严重性和特殊性，必须同时结合其他自评量表的结果，如 CESD 或 SCL－90 及他评 HAMA

或 HAMD 量表等，才能更有助于神经症临床分类。

二、贝克焦虑量表（BAI）

（一）简介

贝克焦虑量表（Beck Anxiety Inventory，BAI）由美国阿隆·贝克等于1985年编制，是一个含有21个项目的自评量表。该量表用4级评分，主要评定受试者被多种焦虑症状烦扰的程度。适用于具有焦虑症状的成年人，能比较准确地反映主观感受到的焦虑程度。

（二）项目、使用方法、结果解释

1. 项目

本量表含有21道关于焦虑一般症状的问题，请仔细阅读每道题，指出最近一周内（包括当天），被各种症状烦扰的程度，并按以下标准进行选择：选①表示无；选②表示轻度，无多大烦扰；选择③表示中度，感到不适但尚能忍受；选④表示重度，只能勉强忍受。

1. 麻木或刺痛。	①	②	③	④
2. 感到发热。	①	②	③	④
3. 腿部颤抖。	①	②	③	④
4. 不能放松。	①	②	③	④
5. 害怕发生不好的事情。	①	②	③	④
6. 头晕。	①	②	③	④
7. 心悸或心率加快。	①	②	③	④
8. 心神不定。	①	②	③	④
9. 惊吓。	①	②	③	④
10. 紧张。	①	②	③	④
11. 窒息感。	①	②	③	④
12. 手发抖。	①	②	③	④
13. 摇晃。	①	②	③	④
14. 害怕失控。	①	②	③	④
15. 呼吸困难。	①	②	③	④
16. 害怕快要死去。	①	②	③	④
17. 恐慌。	①	②	③	④
18. 消化不良或腹部不适。	①	②	③	④
19. 昏厥。	①	②	③	④
20. 脸发红。	①	②	③	④
21. 出汗（不是因暑热冒汗）。	①	②	③	④

2. 使用方法

该量表共有21个自评项目，把受试者被多种焦虑症状烦扰的程度作为评定指标，评分标准为“1”表示无；“2”表示轻度，无太大烦扰；“3”表示中度，感到不适但尚能忍受；“4”表示重度，只能勉强忍受。

在填表之前应向填写者交代清楚填写方法及每题的含义，要求独立完成自我评定。需要注意的方面有：

（1）评定时间范围应是现在或最近一周内的自我体验。

（2）应仔细评定结果，不要漏项或重复评定。

（3）可随临床诊治或研究需要反复评定，一般间隔时间至少一周。

3. 结果解释

BAI分析方法简单。把自评完成后的量表中21个项目多项分数相加，得到粗分，再通过公式 $Y = int\ (1.9x)$ 取整数后转换成标准分。一般将BAI总分大于或等于45分作为焦虑阳性的判断标准。

（三）量表评价

（1）信度：用BAI对60名焦虑症患者及80名健康人做检查，把检查结果的总分做 t 检验，结果表明两组BAI的评分有显著性差异（$p<0.01$）。

（2）效度：用BAI和SAS对60名焦虑症患者做检查，并对检查结果进行相关分析，相关系数为0.828。结果表明BAI与SAS客观评定的总分显著正相关，证明BAI在中国临床应用中的有效性。

（3）敏感性和特异性：作者分别以BAI≥40和BAI≥45为阳性，得到假阳性率、假阴性率、敏感性和特异性来评价BAI对焦虑症的评定效果，结果表明当以BAI≥45为界限时，其敏感性（91.66%）和特异性（91.25%）相对均衡。

（4）以BAI≥45为判断界限，用Kappa一致性公式对量表判断和临床诊断进行分析，结果表明具有高度一致性（$K=0.82$）。BAI是焦虑感受的自评量表，其总分能充分反映焦虑状态的严重程度，能帮助了解近期心境体验及治疗期间焦虑症状变化动态。因此，BAI可作为我国临床心理工作中了解焦虑症状的常用检测工具。

三、汉密顿焦虑量表（HAMA）

（一）简介

汉密顿焦虑量表（Hamilton Anxiety Scale，HAMA）由Hamilton于1959年编制。它是精神科临床中常用的量表之一，主要用于评定神经症及其他患者的焦虑症状的严重程度。

（二）项目、使用方法、结果解释

1. 项目

HAMA包括14个项目，所有项目采用0～4分的5级评分法，各级的标准为：“0”为无症状；“1”为轻；“2”为中等；“3”为重；“4”为极重。

1. 焦虑心境：担心、担忧，感到有糟糕的事情将要发生，容易被激怒。

2. 紧张：紧张感、易疲劳、不能放松，情绪反应，易哭、颤抖、感到不安。

3. 害怕：害怕黑暗、陌生人、一人独处、动物、乘车、旅行及人多的场合。

4. 失眠：难以入睡、易醒、睡得不深、多梦、梦魇、夜惊、醒后感疲倦。

5. 认知功能：或称记忆、注意障碍。注意力不能集中，记忆力差。

6. 抑郁心境：丧失兴趣、对以往爱好缺乏快感、忧郁、早醒、昼重夜轻。

7. 肌肉系统症状：肌肉酸痛、活动不灵活、肌肉抽动、肢体抽动、牙齿打颤、声音发抖。

8. 感觉系统症状：视物模糊、发冷发热、软弱无力感、浑身刺痛。

9. 心血管系统症状：心动过速、心悸、胸痛、血管跳动感、昏倒感、心搏脱漏。

10. 呼吸系统症状：胸闷、窒息感、叹息、呼吸困难。

11. 胃肠道症状：吞咽困难、嗳气、消化不良（进食后腹痛、胃部烧灼痛、腹胀、恶心、胃部饱感）、肠鸣、腹泻、体重减轻、便秘。

12. 生殖泌尿系统症状：尿意频数、尿急、停经、性冷淡、过早射精、勃起不能、阳痿。

13. 植物神经系统症状：口干、潮红、苍白、易出汗、易起“鸡皮疙瘩”、紧张性头痛、毛发竖起。

14. 会谈时行为表现：①一般表现：紧张、不能放松、忐忑不安、咬手指、紧紧握拳、摸弄手帕、面肌抽动、不停顿足、手发抖、皱眉、表情僵硬、肌张力高、叹息样呼吸、面色苍白；②生理表现：吞咽、打呃、安静时心率快、呼吸快（20 次以上/分）、腱反射亢进、震颤、瞳孔放大、眼睑跳动、易出汗、眼球突出。

2. 使用方法

HAMA 应由经过训练的 2 名评定员进行联合检查，一般采用交谈和观察的方法，待检查结束后，2 名评定员独立评分。在评估心理或药物干预前后焦虑症状的改善情况时，首先在入组时评定当时或入组前一周的情况，然后在干预 2 ~6 周后再次评定来比较焦虑症状的严重程度和症状谱的变化。

3. 结果解释

（1）总分能较好地反映病情严重程度，量表协作组曾对 230 例不同亚型的神经症患者的 HAMA 总分进行比较，神经衰弱总分为 21.00，焦虑症为

29.25，抑郁性神经症为23.87。因此，焦虑症状是焦虑症患者的突出表现。该组病人为一组病情程度偏重的焦虑症。

（2）因子分析：HAMA仅分为躯体性和精神性两大类因子结构。躯体性焦虑：由躯体性焦虑（肌肉系统）、躯体性焦虑（感觉系统）、心血管系统症状、呼吸症状、胃肠道症状、生殖泌尿系统症状、植物神经系统症状7项组成。通过因子分析，不仅可以具体反映病人的精神病理学特点，也可以反映靶症状群的治疗结果。

（3）按照全国量表协作组提供的资料，总分超过29分，可能为严重焦虑；超过21分，肯定有明显焦虑；超过14分，肯定有焦虑；超过7分，可能有焦虑；如小于6分，患者就没有焦虑症状。一般来说，HAMA分界值为14分。

（三）量表评价

（1）信度：评定者若经10次以上的系统训练后，可取得极好的一致性。我们曾对19例次的焦虑症患者做了联合检查。两名评定员的一致性相当好，其总分评定的信度系数 r 为0.93，各单项症状评分的信度系数为0.83～1.00，p 值均小于0.01。

（2）效度：HAMA总分能很好地反映焦虑状态的严重程度。我们对36例焦虑神经症患者进行检查，病情严重程度系数为0.36（$p<0.05$）。

（3）实用性：本量表评定方法简便易行，可用于焦虑症，但不大宜于估计各种精神病的焦虑状态。同时，与HAMD相比较，有些重复的项目，如抑郁心境、躯体性焦虑、胃肠道症状及失眠等，故对于焦虑症与抑郁症，HAMA与HAMD一样，都不能很好地进行区分。

四、状态—特质焦虑问卷（STAI）

（一）简介

状态—特质焦虑问卷（State - Trait Anxiety Inventory，STAI）由Charles D. Spielberger等人编制，首版于1970年问世，曾经过2 000项研究，于1977年编制，并于1983年修订，1988年译成中文。STAI适用于具有焦虑症状的成年人，具有较广泛的适用性。STAI为自评量表，由两个分量表共40项描述题组成。第1～20项为状态焦虑量表（简称S - AI），第21～40题为特质焦虑量表（简称T - AI）。可应用于评定内科、外科、心身疾病及精神病患者的焦虑情绪，也可用来筛查高校学生、军人和其他职业人群的有关焦虑问题，以及评价心理治疗、药物治疗的效果。

（二）项目、使用方法、结果解释

1. 项目

下面列出的是一些人们常常用来描述自己的陈述，请阅读每个陈述，然后在右边适当的选项上打钩，来表示你此时此刻最恰当的感觉。没有对或错的答案，不要对任何一个陈述花太多时间去考虑，但所给的回答应该反映你现在最恰当的感觉。各级的标准是：①完全没有；②有些；③中等程度；④非常明显。

*1. 我感到心情平静。	①	②	③	④
*2. 我感到安全。	①	②	③	④
3. 我是紧张的。	①	②	③	④
4. 我感到紧张束缚。	①	②	③	④
*5. 我感到安逸。	①	②	③	④
6. 我感到烦乱。	①	②	③	④
7. 我现在正烦恼，感到这种烦恼超过了可能的不幸。	①	②	③	④
*8. 我感到满意。	①	②	③	④
9. 我感到害怕。	①	②	③	④
*10. 我感到舒适。	①	②	③	④
*11. 我有自信心。	①	②	③	④
12. 我觉得神经过敏。	①	②	③	④
13. 我极度紧张不安。	①	②	③	④
14. 我优柔寡断。	①	②	③	④
*15. 我是轻松的。	①	②	③	④
*16. 我感到心满意足。	①	②	③	④
17. 我是烦恼的。	①	②	③	④
18. 我感到慌乱。	①	②	③	④
*20. 我感到愉快。	①	②	③	④

以下陈述是指你的感觉。评分标准为：①几乎没有；②有些；③经常；④几乎总是如此。

*21. 我感到愉快。	①	②	③	④
22. 我感到神经过敏和不安。	①	②	③	④
*23. 我感到自我满足。	①	②	③	④
*24. 我希望能像别人那样高兴。	①	②	③	④
25. 我感到我像衰竭了一样。	①	②	③	④
*26. 我感到宁静。	①	②	③	④
*27. 我是平静的、冷静的和泰然自若的。	①	②	③	④
28. 我感到困难一一堆集起来，因此无法克服。	①	②	③	④
29. 我过分忧虑一些事，实际上这些事无关紧要。	①	②	③	④
*30. 我是高兴的。	①	②	③	④

31. 我的思想处于混乱状态。 ① ② ③ ④
32. 我缺乏自信心。 ① ② ③ ④
*33. 我感到安全。 ① ② ③ ④
*34. 我容易做出决断。 ① ② ③ ④
35. 我感到不合适。 ① ② ③ ④
*36. 我是满足的。 ① ② ③ ④
37. 一些不重要的思想总是缠绕着我，并打扰我。 ① ② ③ ④
38. 我产生的沮丧是如此强烈，以至我不能从思想中排除它们。 ① ② ③ ④
*39. 我是一个镇定的人。 ① ② ③ ④
40. 当考虑自己目前的事情和利益时，我就陷入紧张状态。 ① ② ③ ④

2. 使用方法

STAI 每项均为 1 ~4 级评分。S - AI 的分级标准：1 为完全没有，2 为有些，3 为中等程度，4 为非常明显。T - AI 的分级标准：1 为几乎没有，2 为有些，3 为经常，4 为几乎总是如此。凡正性情绪项目（在计分单上标*号）均为反向计分，即按上述顺序依次评为 4、3、2、1 分。如此设计的目的是使问卷本身心理诱导作用降到最低限度，自动纠正自评者夸大或缩小其主观感觉的倾向。

3. 结果解释

受试者根据自己的体验选出合适的等级，分别计算出状态焦虑和特质焦虑量表的累加分值，最小值为 20 分，最大值为 80 分。某量表上的得分越高，反映了受试者该方面的焦虑水平越高。

（三）量表评价

原作者对该量表进行了测试—再测试的信度检验，发现 T - AI 的稳定性较高，两次评分相关系数为 0. 73 ~0. 86。S - AI 的稳定性较低，相关系数为 0. 16 ~0. 62。同时进行了效度检验，该量表的一致性、会聚性、区分性和结构性比较满意。

北京大学精神卫生研究所与长春市一汽总医院精神科合作，在长春地区和北京分别对正常人群与抑郁症患者进行了 STAI 中译版的测试，获得了与原作者近似的结果。因子分析显示两个量表均可得出焦虑因子和非焦虑因子，且信度结构效度检验显示，测试与再测试评分的相关系数 S - AI 为 0. 88，T - Al 为 0. 90。S - AI 与 T - AI 评分之间的相关系数，初测为 0. 84，复测为 0. 77，一致性满意。

附录二　抑郁相关量表

一、Beck 抑郁问卷（BDI）

（一）简介

Beck（1967）将抑郁表述为21个“症状—态度类别”，Beck量表的每个条目便代表一个类别。这些类别包括：心情、悲观、失败感、不满、罪感、惩罚感、自厌、自责、自杀意向、痛哭、易激惹、社会退缩、犹豫不决、体象歪曲、活动受抑制、睡眠障碍、疲劳、食欲下降、体重减轻、有关躯体的先占观念与性欲减退。其目的是评价抑郁的严重程度。

（二）项目、使用方法、结果解释

1. 项目

指导语：这个问卷由许多组项目组成，请仔细看每组的项目，然后在每组内选择最适合你现在情况（最近一周，包括今天）的一项描述，并将题目前面那个数字圈出。请先读完一组内的各项叙述，然后再选择。

A：

0. 我不感到忧愁。
1. 我感到忧愁。
2. 我整天都感到忧愁，且不能改变这种情绪。
3. 我非常忧伤或不愉快，以致我不能忍受。

B：

0. 对于将来我不感到悲观。
1. 我对将来感到悲观。
2. 我感到没有什么可指望的。
3. 我感到将来无望，事事都不能变好。

C：

0. 我不像一个失败者。
1. 我觉得我比一般人失败的次数多些。
2. 当我回首过去我看到的是许多失败。
3. 我感到自己是一个彻底失败了的人。

D：

0. 我对事物像往常一样满意。

1. 我对事物不像往常一样满意。
2. 我不再对任何事物感到真正的满意。
3. 我对每件事都不满意或讨厌。

E：

0. 我没有特别感到内疚。
1. 在相当一部分时间里我感到内疚。
2. 在部分时间里我感到内疚。
3. 我时刻感到内疚。

F：

0. 我没有感到正在受惩罚。
1. 我感到我可能受惩罚。
2. 我预感会受惩罚。
3. 我感到我正在受惩罚。

G：

0. 我感到我并不使人失望。
1. 我对自己失望。
2. 我讨厌自己。
3. 我痛恨自己。

H：

0. 我感觉我并不比别人差。
1. 我对自己的缺点和错误常自我反省。
2. 我经常责备自己的过失。
3. 每次发生糟糕的事我都责备自己。

I：

0. 我没有任何自杀的想法。
1. 我有自杀的念头但不会真去自杀。
2. 我很想自杀。
3. 如果我有机会我就会自杀。

J：

0. 我并不比以往爱哭。
1. 我现在比以前爱哭。
2. 现在我经常哭。
3. 我以往能哭，但现在即使我想哭也哭不出来。

K：

0. 我并不比以往容易被激怒。
1. 我比以往容易被激怒或容易生气。

2. 我现在经常容易发火。

3. 以往能激怒我的那些事情现在完全不能激怒我了。

L：

0. 我对他人的兴趣没有减少。

1. 我对他人的兴趣比以往减少了。

2. 我对他人丧失了大部分兴趣。

3. 我对他人现在毫无兴趣。

M：

0. 我与以往一样能做决定。

1. 我现在做决定没有以前果断。

2. 我现在做决定比以前困难得多。

3. 我现在完全不能做决定。

N：

0. 我觉得自己看上去和以前差不多。

1. 我担心我看上去老了或没有以前好看了。

2. 我觉得我的外貌变得不好看了，而且是永久性的改变。

3. 我认为我看上去很丑了。

O：

0. 我能像以往一样工作。

1. 我要经一番特别努力才能开始做事。

2. 我做任何事都必须做很大的努力，强迫自己去做。

3. 我完全不能工作。

P：

0. 我睡眠像以往一样好。

1. 我睡眠没有以往那样好。

2. 我比往常早醒 1~2 小时，再入睡有困难。

3. 我比往常早醒几个小时，且不能再入睡。

Q：

0. 我现在并不比以往感到容易疲劳。

1. 我现在比以往容易疲劳。

2. 我做任何事都容易疲劳。

3. 我太疲劳了以至我不能做任何事情。

R：

0. 我的食欲与以前一样好。

1. 我的食欲没有往常那样好。

2. 我的食欲现在差多了。

3. 我完全没有食欲了。

S：

0. 我最近没有明显的体重减轻。

1. 我体重下降超过 5 斤。

2. 我体重下降超过 10 斤。

3. 我体重下降超过 15 斤，我在控制饮食来减轻体重。

T：

0. 与以往相比我并不过分担心身体健康。

1. 我担心我身体的毛病，如疼痛、反胃及便秘。

2. 我很着急身体的毛病以至妨碍我思考其他问题。

3. 我非常着急身体疾病，以至不能思考任何其他事情。

U：

0. 我的性欲最近没有什么变化。

1. 我的性欲比以往差些。

2. 现在我的性欲比以往减退了许多。

3. 我完全丧失了性欲。

2. 使用方法

仔细阅读每项，结合自身最近一周内的情绪（包括今天）做出符合自身情况的选择。“0”代表 0 分，“1”代表 1 分，“2”代表 2 分，“3”代表 3 分。

3. 结果解释

21 个类别的每类都分四级评分，总分范围为 0～63 分。尽管判断抑郁程度的临界值因研究目的而异，但作者提出的以下标准可作为参考：0～4 分，无抑郁或极轻微；5～13 分，轻度；14～20 分，中度；21 分或更高，重度。

（三）量表评价

Beck（1967）报告了两项研究结果，样本是某家城市精神病院的住院及门诊病人。第一个样本有 226 人，时间跨度为 7 个月；第二个样本有 183 人，时间跨度为 5 个月，受试中 39% 为男性，黑人占 35%，年龄中位数为 34 岁，15% 属中下阶层。2/3 在门诊，1/3 住院。该量表在编制后又进行了大规模的测试。

内部一致性：奇、偶数劈半信度系数为 0.86（Spearman－Brown 相关系数为 0.93）。

重测一致性：该量表在数周内重测的稳定系数通常为 0.70～0.80。病人当时的心理状态对该测验很关键。如果让病人按当天的情况回答，BDI 评价的就是状态抑郁，这种回答的稳定性肯定不好；如果让病人按过去一周的情况回答，稳定性就好得多。

聚合效度：BDI与临床抑郁评定相关显著，相关系数为0.60～0.90，因样本大小而异。BDI评分还与其他一些临床指标有关，如生物学检查、电生理检查、心理社会学测验以及睡眠障碍的程度。

BDI常被用作编制新量表的验证工具，所以它与其他量表的相关性肯定不错（r值范围为0.50～0.80）。BDI的因子分析常得出三个互相关联的因子：消级态度或自杀，躯体症状，操作困难。将三个因子做进一步（二次）提取时则可得出一个“总体抑郁”因子。三个斜交因子的相关系数以及单一的二次因子的生成均说明了该量表内部一致较好。

区分效度：BDI与临床抑郁评定的相关系数（0.59）大于与焦虑的相关系数（0.14）。也有作者怀疑BDI的区分效度，尤其是对焦虑和抑郁的区分效度，但它确实可用于区分不同类型的抑郁及不同的诊断。另外，对BDI条目的回答可能会受社会期望的影响，即按照期望倾向做出回答。BDI与Edwards社会期望量表的相关性大约为0.80，因为后者部分地显示了人的自尊。

二、抑郁自评量表（SDS）

（一）简介

抑郁自评量表（Self－rating Depression Scale，SDS）是由美国杜克大学医学院的William W. K. Zung于1965年编制的，是目前应用最广泛的抑郁自评量表之一，用于衡量抑郁状态的轻重程度及其在治疗中的变化。量表由20个陈述句组成。每一条目相当于一个有关症状，按1～4级评分。评定时间跨度为最近一周。20个条目反映抑郁状态四组特异性症状：

（1）精神性—情感症状，包括抑郁心境和哭泣。

（2）躯体性障碍，包括情绪的日间差异、睡眠障碍、食欲减退、性欲减退、体重减轻、便秘、心动过速和易疲劳。

（3）精神运动性障碍，包括精神运动性迟滞和激越。

（4）抑郁的心理障碍，包括思维混乱、无望感、易激惹、犹豫不决、自我贬值、空虚感、反复思考自杀和不满足。

（二）项目、使用方法、结果解释

1. 项目

请仔细阅读每条文字，把题目的意思看明白，然后按照自己最近一周以来的实际情况，对下面的20个条目按1～4级评分：①很少；②有时；③经常；④持续。

1. 我感到情绪沮丧，郁闷。 ① ② ③ ④

*2. 我感到早晨心情最好。 ① ② ③ ④

3. 我要哭或想哭。 ① ② ③ ④

4. 我夜间睡眠不好。	①	②	③	④
*5. 我吃饭像平时一样多。	①	②	③	④
*6. 我的性功能正常。	①	②	③	④
7. 我感到体重减轻。	①	②	③	④
8. 我为便秘烦恼。	①	②	③	④
9. 我的心跳比平时快。	①	②	③	④
10. 我无故感到疲劳。	①	②	③	④
*11. 我的头脑像往常一样清楚。	①	②	③	④
*12. 我做事情像平时一样不感到困难。	①	②	③	④
13. 我坐卧不安，难以保持平静。	①	②	③	④
*14. 我对未来感到有希望。	①	②	③	④
15. 我比平时更容易被激怒。	①	②	③	④
*16. 我觉得决定什么事很容易。	①	②	③	④
*17. 我感到自己是有用的和不可缺少的人。	①	②	③	④
*18. 我的生活很有意义。	①	②	③	④
19. 假若我死了别人会过得更好。	①	②	③	④
*20. 我仍旧喜爱自己平时喜爱的东西。	①	②	③	④

2. 使用方法

正向计分题按1、2、3、4分计；反向计分题（标注*的题目）分别按4、3、2、1计分。将20个条目各个得分相加，即为总分。标准分为总分乘以1.25后所得的整数部分。我国以SDS标准分≥50为有抑郁症状。指标为总分。总分的正常上限为41分，标准总分为53分。

抑郁严重度指数=各条目累计分/80。

3. 结果解释

抑郁严重度指数0.5以下者为无抑郁；0.5~0.59为轻微至轻度抑郁；0.6~0.69为中至重度；0.7以上为重度抑郁。需要特别说明的是，此评定量表不仅可以帮助诊断是否有抑郁症状，还可以判定抑郁程度的轻重。因此，一方面可以用作辅助诊断的工具，另一方面也可以用来观察在治疗过程中抑郁的病情变化，作为疗效的判定指标。但是，此评定量表不能用来判断抑郁的性质，所以不是抑郁症的病因及疾病诊断分类用表。因此，测出有抑郁症之后，应该及时到精神科门诊进行详细的检查、诊断及治疗。

（三）量表评价

Zung等曾进行了SDS信效度检验：其内部一致性满意，奇、偶数条目劈半相关系数为0.73（1973）和0.92（1986）。此评定量表不仅可以帮助诊断是否有抑郁症状，还可以判定抑郁程度的轻重。因此，一方面可以作为辅助诊断的工具，另一方面也可以用来观察在治疗过程中抑郁的病情变化，作为疗效的判定指标。但是，此评定量表不能用来判断抑郁的性质，所以不是抑郁症的病因及疾病诊断分类用表。

三、抑郁状态问卷（DSI）

（一）简介

1972 年 Zung 增编了与 SDS 相应的检查者用本，改自评为他评，称抑郁状态问卷（Depression Status Inventory，DSI）。评定时间跨度为最近一周。DSI 由 20 个陈述句和相应问题条目组成。每一条目相当于一个有关症状，按 1 ~4 级评分。20 个条目反映抑郁状态四组特异性症状：

（1）精神性—情感症状，包括抑郁心境和哭泣，共 2 个条目。

（2）躯体性障碍，包括情绪的日间差异、睡眠障碍、食欲减退、性欲减退、体重减轻、便秘、心动过速、易疲劳，共 8 个条目。

（3）精神运动性障碍，包括精神运动性迟滞和激越，共 2 个条目。

（4）抑郁的心理障碍，包括思维混乱、无望感、易激惹、犹豫不决、自我贬值、空虚感、反复思考自杀和不满足，共 8 个条目。

（二）项目、使用方法、结果解释

1. 项目

对下面 20 个条目按 1 ~4 级评分：①很少；②有时；③经常；④持续。

1. 你感到情绪沮丧，郁闷吗?	①	②	③	④
2. 你要哭或想哭吗?	①	②	③	④
*3. 你感到早晨心情最好吗?	①	②	③	④
4. 你夜间睡眠不好吗? 经常早醒吗?	①	②	③	④
*5. 你吃饭像平时一样多吗? 食欲如何?	①	②	③	④
6. 你感到体重减轻了吗?	①	②	③	④
*7. 你的性功能正常吗? 乐意注意具有吸引力的异性，并好和他/她在一起、说话吗?	①	②	③	④
8. 你为便秘烦恼吗?	①	②	③	④
9. 你的心跳比平时快吗?	①	②	③	④
10. 你无故感到疲劳吗?	①	②	③	④
11. 你坐卧不安，难以保持平静吗?	①	②	③	④
12. 你做事情比平时慢吗?	①	②	③	④
*13. 你的头脑像往常一样清楚吗?	①	②	③	④
14. 你感到生活很空虚吗?	①	②	③	④
*15. 你对未来感到有希望吗?	①	②	③	④

*16. 你觉得决定什么事很容易吗？	①	②	③	④
17. 你比平时更容易被激怒吗？	①	②	③	④
*18. 你仍旧喜爱自己平时喜爱的事情吗？	①	②	③	④
*19. 你感到自己是有用的和不可缺少的人吗？	①	②	③	④
20. 你曾经想过自杀吗？	①	②	③	④

2. 使用方法

每一个条目均按1、2、3、4四级评分。20个条目中有10项（标*号）是用正性词陈述的，为反序计分，其余10项是用负性词陈述的，按上述1~4顺序评分。

3. 结果解释

DSI评分指数在0.5以下者为无抑郁；0.50~0.59为轻微至轻度抑郁；0.60~0.69为中至重度抑郁；0.70以上为重度抑郁。

（三）量表评价

Zung等曾对SDS与BDI进行了信效度检验，结果显示BDI与SDS、Hamilton抑郁量表（HRSD），MMPI的“D”分量表的评分之间具有高度和中度的相关性。比较不同诊断病例组DSI的评分，显示DSI具有较好的判别功能：抑郁障碍组（96例），平均评分指数为0.61；精神分裂症组（25例）为0.48；焦虑障碍组（22例）为0.51；人格障碍组（54例）为0.52，差异显著。北京大学医学部精神卫生研究所曾对50例住院抑郁症病人于治疗前、中、后同时进行SDS和HRSD评定共300次（50例×6），其评分之间的相关系数为0.84。SDS评分指数与抑郁严重度之间的关系与Zung报道相符。

附录三　状态与特质性孤独量表

一、简介

本附录介绍的两个量表是要区分短期、可能为一过性、境遇性的孤独（称为状态性孤独）和长期、特质性孤独（特质性孤独）。

Gerson & Perlman（1979）研究了长期孤独、境遇性孤独或无孤独女大学生的交流技巧。为做出这种区分，用1978 版的 UCLA 孤独量表（Russell et al，1978）检查两次，一次的指导语为“你在最近的两周内多少时间有此感觉”，另一次为“你一生中多少时间有此感觉”，将全部受试按两项得分高低分别分为上 1/3、中 1/3 与下 1/3 三组，非孤独组（$n=14$）最近（均值 =28）和通常（均值 =29）孤独得分都位于下 1/3 组。境遇性孤独组（$N=19$）最近（均值 =52）孤独得分位于上 1/3，而通常（均值 =34）孤独得分位于下 1/3。长期孤独组（$n=23$）的最近（均值 =55）和通常（均值 =60）孤独得分都在上 1/3 段内。

Shaver 等（1985）在大学新生中进行了一次纵向研究，始于学生夏季入学前，并在第一学年的秋、冬、春三个学期复查。他们编制了两个平行的量表，每个表包含 11 个条目，8 条来自 UCLA 修订版（1980），3 条来自 NYU 孤独量表（Rubenstein & Shaver，1982）。之所以加上后面三条是因为它们直接提到孤独，而 UCLA 未如此做。从 UCLA 借用的条目为五级 Likert 评分。其中 4 条正序，4 条反序。每个 NYU 条目都有自己的五分评标准。状态评定指导语是“最近几天”，特质为“最近几年”。两个表的分值均可从 11 到 55 分。

二、项目、使用方法、结果解释

1. 项目

指导语：以下是对您过去几天里的感受的描述。请指明您对每个陈述同意或反对的程度，据此选择一个回答，并用圆圈画出。评分标准为：①完全同意；②同意；③不确定或赞成又反对；④不同意；⑤完全不同意。

1. 最近几天，我觉得跟周围人很和谐。	①	②	③	④	⑤
2. 最近几天，我缺少伙伴。	①	②	③	④	⑤
3. 最近几天，我感到是朋友中的一员。	①	②	③	④	⑤

4. 最近几天，我的兴趣和想法和周围人不一样。 ① ② ③ ④ ⑤
5. 最近几天，我觉得有人与我的关系密切。 ① ② ③ ④ ⑤
6. 最近几天，我觉得被遗忘了。 ① ② ③ ④ ⑤
7. 最近几天，没有人很了解我。 ① ② ③ ④ ⑤
8. 最近几天，我有可以信赖的人。 ① ② ③ ④ ⑤
9. 最近几天，一个人待着时我感到很孤独。 ① ② ③ ④ ⑤
10. 最近几天，大约有多少时间您感到孤独
①几乎总是 ②经常 ③大约一半时间 ④偶尔 ⑤没有或几乎没有
11. 最近几天，当您感到孤独时，程度如何?
①极孤独 ②很孤独 ③一般的孤独 ④稍微孤独 ⑤我未感到孤独
12. 与别人相比，您觉得自己最近几天的孤独程度如何?
①较一般人重得多 ②较一般人重一点 ③一般 ④较一般人轻一点
⑤较一般人轻得多

指导语：下一环节中，上述项目重复出现，请按您最近几年的情况回答。请指明您对每个陈述同意或反对的程度，据此选择一个回答，并用圆圈画出。评分标准为：①完全同意；②同意；③不确定或赞成又反对；④不同意；⑤完全不同意。

1. 最近几年，我觉得跟周围人很和谐。 ① ② ③ ④ ⑤
2. 最近几年，我缺少伙伴。 ① ② ③ ④ ⑤
3. 最近几年，我感到是朋友中的一员。 ① ② ③ ④ ⑤
4. 最近几年，我的兴趣和想法和周围人不一样。 ① ② ③ ④ ⑤
5. 最近几年，我觉得有人与我的关系密切。 ① ② ③ ④ ⑤
6. 最近几年，我觉得被遗忘了。 ① ② ③ ④ ⑤
7. 最近几年，没有人很了解我。 ① ② ③ ④ ⑤
8. 最近几年，我有可以信赖的人。 ① ② ③ ④ ⑤
9. 最近几年，一个人呆着时我感到很孤独。 ① ② ③ ④ ⑤
10. 最近几年，大约有多少时间您感到孤独
①几乎总是 ②经常 ③大约一半时间 ④偶尔 ⑤没有或几乎没有
11. 最近几年，当您感到孤独时，程度如何?
①极孤独 ②很孤独 ③一般的孤独 ④稍微孤独 ⑤我未感到孤独
12. 与别人相比，您觉得自己最近几年的孤独程度如何?
①较一般人重得多 ②较一般人重一点 ③一般 ④较一般人轻一点
⑤较一般人轻得多

2. 使用方法

该问卷由自我评定或自我报告来完成。由被试者根据自己的体验对每个条目进行五级评分。分别计算出特质孤独量表和状态孤独量表的累加分，两个量表得分均为最小值 12 分，最大值 60 分，反映特质孤独和状态孤独的程度。

3. 结果解释

分别根据两个量表的得分判断个体在特质孤独和状态孤独的孤独程度，也可根据得分高低判断个体的孤独类型。

三、量表评价

Gerson & Perlman 在明尼苏达大学筛查了 300 名女大学生，发现 66 例可纳入研究。Shaver 等在丹佛大学研究了 400 名新生，但只有 166 名完成全部四次测试，并加入状态—特质分析。

内部一致性：Gerson & Perlman 未报告其量表的 a 系数。但由于表本身内部一致性好（$a > 0.39$），因而该表亦应不错。Shaver 等的量表在 9 个月中进行四次测试，每次的 a 系数均在 0.88 以上。

重测：Gerson & Perlmen 未评价其重测信度。Shaver 的两个量表重测信度不一致，但与理论期望一致（特质性孤独较状态性孤独更稳定）。约两个月重测一次，特质性孤独相关为 0.77 ~ 0.83，状态性孤独相关为 0.29 ~ 0.64。像预期的一样，受试者从家里来到学校这段时间里，状态性孤独变化最大。

聚合效度：Gerson & Perlmen 预测，状态性孤独者较特质性孤独者或非孤独者表达得更充分，这已被研究所证实。受试者的表达程度与 BDI 得分在特质性孤独与非孤独受试中有显著负相关（即在两类受试中的抑郁患者表达能力差），但在状态孤独受试中几乎为零。总的来看，状态性孤独者努力尝试与人交流，在交流中也更主动，而特质性孤独者则否。

与预期结果一致，特质性孤独与社会技巧拙劣，应付能力差以及归咎于社会性失败相关显著（$r = 0.31 \sim 0.49$，$p < 0.001$）。状态孤独也与社交技巧有关（$r = -0.46 \sim -0.64$），在秋季测试中尤其明显，此时受试者正在尝试建立新的人际关系。

离散效度：如上所述，在这两项差别很大的研究中，状态性与特质性孤独与其他变量的相关各不相同，与理论预期的离散方式相一致，但两者亦有显著相关（在 Shaver 等的秋季测试中 $r = 0.40$；春季测试中 $r = 0.60$）。

附录四　生活事件量表

一、简介

生活事件量表（Life Event Scale，LES）由杨德森、张亚林于1986年编制，量表内容包括家庭生活（28条）、工作学习（13条）、社交及其他方面（7条）。该量表主要用于对精神刺激进行定性和定量，适用于16岁以上的正常人、神经症、身心疾病、各种躯体疾病求助者以及自知力恢复的重性精神病求助者。

二、项目、使用方法、结果解释

1. 项目

指导语：下面是每个人都有可能遇到的一些日常生活事件，究竟是好事还是坏事，可根据个人情况自行判断。这些事件可能对个人有精神上的影响（体验为紧张、压力、兴奋或苦恼），影响的轻重程度是各不相同的，影响持续的时间也不一样。请您根据自己的实际情况，实事求是地回答下列问题，填表不记姓名，完全保密，请在最合适的答案上打钩。

生活事件量表（LES）

性别：　　年龄：　　职业：　　婚姻状况：　　填表日期：　　年　月　日

生活事件名称	事件发生时间				性质		精神影响程度					影响持续时间				备注
	未发生	一年前	一年内	长期性	好事	坏事	无影响	轻度	中度	重度	极重度	三个月内	半年内	一年内	一年以上	
举例：房屋拆迁			√			√							√			
与家庭有关的问题																
1. 恋爱或订婚																
2. 恋爱失败、破裂																
3. 结婚																

（续上表）

生活事件名称	事件发生时间				性质		精神影响程度					影响持续时间				备注
	未发生	一年前	一年内	长期性	好事	坏事	无影响	轻度	中度	重度	极重度	三个月内	半年内	一年内	一年以上	
4. 自己（爱人）怀孕																
5. 自己（爱人）流产																
6. 家庭增添新成员																
7. 与爱人父母不和																
8. 夫妻感情不好																
9. 夫妻分居（因不和）																
10. 性生活不满意或独身																
11. 夫妻两地分居（工作需要）																
12. 配偶一方有外遇																
13. 夫妻重归于好																
14. 超指标生育																
15. 本人（爱人）做绝育手术																
16. 配偶死亡																
17. 离婚																
18. 子女升学（就业）失败																
19. 子女管教困难																
20. 子女长期离家																
21. 父母不和																
22. 家庭经济困难																
23. 欠债500元以上																
24. 经济情况显著改善																
25. 家庭成员重病或重伤																
26. 家庭成员死亡																
27. 本人重病或重伤																
28. 住房紧张																

（续上表）

生活事件名称	事件发生时间				性质		精神影响程度					影响持续时间				备注
	未发生	一年前	一年内	长期性	好事	坏事	无影响	轻度	中度	重度	极重度	三月内	半年内	一年内	一年以上	
工作学习中的问题																
29. 待业、无业																
30. 开始就业																
31. 高考失败																
32. 扣发奖金或罚款																
33. 突出的个人成就																
34. 晋升、提级																
35. 对现职工作不满意																
36. 工作学习中压力大（如成绩不好）																
37. 与上级关系紧张																
38. 与同事、邻居不和																
39. 第一次远走他乡																
40. 生活规律重大变动（饮食、睡眠规律改变）																
41. 本人退休离休或未安排具体工作																
社交与其他问题																
42. 好友重病或重伤																
43. 好友死亡																
44. 被人误会、冤枉、诬告、议论																
45. 介入民事法律纠纷																
46. 被拘留、受审																
47. 失窃、财产损失																

（续上表）

生活事件名称	事件发生时间				性质		精神影响程度					影响持续时间				备注
	未发生	一年前	一年内	长期性	好事	坏事	无影响	轻度	中度	重度	极重度	三个月内	半年内	一年内	一年以上	
48. 意外惊吓、发生事故、自然灾害																
如果你还经历过其他的生活事件，请依次填写																
49.																
50.																
正性事件值： 负性事件值： 总值：																
与家庭有关的问题：																
工作学习中的问题：																
社交及其他问题：																

2. 使用方法

该量表是自评量表，含有48条我国较常见的生活事件。另设有2项空白项目，供当事者填写已经经历而表中并未写出的某些事件，填写者必须仔细阅读和领会指导语，然后一一过目。根据调查者的要求，将某一时间范围内（通常一年）的事件记录下来。有的事件虽然发生在该时间范围之前，如果影响深远并延续至今，可作为长期事件记录。对于表上已写出的但并未经历的事件一一注明“未经历”，不留空白，以防遗漏。然后，有填写者根据自身的实际感受而不是按常理或伦理道德观念去判断那些经历过的事件对本人来说是好事或是坏事？影响程度如何？影响持续的时间有多长？一过性的事件如流产、失窃要记录发生次数，长期性事件如住房拥挤、夫妻分居等不到半年记为一次，超过半年记为两次，影响程度分为五级，从毫无影响到影响极重分别记0、1、2、3、4分，影响持续时间分三个月内、半年内、一年内、一年以上四个等级，分别记1、2、3、4分。

生活事件刺激量的计算方法：

（1）某事件刺激量 = 该事件影响程度分 × 该事件持续时间分 × 该事件发生次数。

（2）正性事件刺激量＝全部好事刺激量之和。

（3）负性事件刺激量＝全部坏事刺激量之和。

（4）生活事件总刺激量＝正性事件刺激量＋负性事件刺激量。

另外，还可以根据研究需要，按家庭问题、工作学习问题和社交问题进行分类统计。

3. 结果解释

该量表总分越高反映个体承受精神压力越大。95%的正常人一年之内的LES总分不超过20分，99%的不超过32分。负性事件的分值越高对身心健康的影响越大，正性事件的意义待进一步研究。

三、量表评价

1. 信度

对153名正常人、107名神经症患者、165名慢性疼痛患者、44名缓解期的精神分裂症患者在间隔2～3周后重测，相关系数在0.742～0.611之间，p值均小于0.01。

2. 效度

（1）100名离婚诉讼者的精神紧张总值，负性事件值高于按年龄、性别、民族、学历、职业以及婚龄配对的五好家庭成员（$p<0.01$），而正性事件评分两组无差异。

（2）十二指肠溃疡者精神紧张总值、负性事件值均高于无症状的乙肝病毒携带者（$p<0.01$），而正性事件差异不显著。

（3）恶性肿瘤患者生活事件的发生频率、强度及总值高于结核病患者，差异具有显著性。

（4）72名癔症患者生活事件总值与反映其社会功能状况的大体评定量表分（Global Assessment）呈负性相关（$r=-0.3003$，$p<0.55$）。

附录五　应对方式问卷

一、简介

应对方式问卷是由肖计划等根据 Gentry（1983）提出的“应付科学”观点，参阅国外部分认为是较好的研究应付和防御时所用的问卷，并借助其经验和知识，同时结合我们汉语的语言特点以及中国处世的一些行为习惯编制而成的。适用于文化程度在初中和初中以上的个体，年龄在 14 岁以上的青少年、成年、老年人和除痴呆和重性精神病之外的各种心理障碍患者。

二、项目、使用方法、结果解释

1. 项目

指导语：此表每个条目有两个答案“是”“否”。请您根据自己的情况在每一条目后选一个答案，如果选择“是”，则请继续对后面的“有效”“比较有效”“无效”做出评估。

	是			否
	有效	比较有效	无效	
1. 能理智地应付困境				
2. 善于从实践中吸取经验				
3. 制订一些克服困难的计划并按计划去做				
4. 常希望自己已经解决了面临的困难				
5. 对自己取得成功的能力充满了信心				
6. 认为“人生经历就是磨难”				
7. 常感叹生活的艰难				
8. 专心于工作或学习以忘却不快				
9. 常认为“生死有命，富贵在天”				
10. 常常喜欢找人聊天以减轻烦恼				
11. 别人帮助自己克服困难				
12. 常只按自己想的做，且不考虑				

（续上表）

	是			否
	有效	比较有效	无效	
13. 不愿过多思考影响自己的情绪的问题				
14. 投身其他社会活动，寻找新寄托				
15. 常自暴自弃				
16. 常以无所谓的态度来掩饰内心感受				
17. 常想“这不是真的就好了”				
18. 认为自己的失败多系外因所致				
19. 对困难采取等待观望任其发展的态度				
20. 与人冲突，常是对方性格怪异引起				
21. 对引起问题的人和事发脾气				
22. 常幻想自己有克服困难的超人本领				
23. 常自我责备				
24. 常用睡觉的方式逃避痛苦				
25. 常借娱乐活动来消除烦恼				
26. 常爱想些高兴的事自我安慰				
27. 避开困难以求心中安宁				
28. 为不能回避困难而懊恼				
29. 常用两种以上的办法解决困难				
30. 常认为没有必要那么费力去争成败				
31. 努力去改变现状，使情况向好的一面转化				
32. 借烟或酒消愁				
33. 常责怪他人				
34. 对困难常采用回避的态度				
35. 认为“退后一步自然宽”				
36. 把不愉快的事埋在心里				
37. 常自卑自怜				
38. 常认为这是生活对自己不公平的表现				
39. 常压抑内心的愤怒与不满				
40. 吸取自己或他人的经验去应付困难				

（续上表）

	是			否
	有效	比较有效	无效	
41. 常不相信那些对自己不利的事				
42. 为了自尊，常不愿让人知道自己的遭遇				
43. 常与同事，朋友一起讨论解决问题的办法				
44. 常告诫自己“能忍者自安”				
45. 常祈祷神灵保佑				
46. 常用幽默或玩笑的方式缓解冲突或不快				
47. 自己能力有限，只有忍耐				
48. 常怪自己没出息				
49. 常爱幻想一些不现实的事来消除烦恼				
50. 常抱怨自己无能				
51. 常能看到坏事中有好的一面				
52. 自感挫折是对自己的考验				
53. 向有经验的亲友、师长求教解决问题的方法				
54. 平心静气、淡化烦恼				
55. 努力寻找解决问题的办法				
56. 选择职业不当，是自己常遇挫折的主要原因				
57. 总怪自己不好				
58. 经常是看破红尘，不在乎自己的不幸遭遇				
59. 常自感运气不好				
60. 向他人诉说心中的烦恼				
61. 常自感无所作为而任其自然				
62. 寻求别人的理解和同情				

2. 使用方法

应对方式问卷有六个分量表，分别为解决问题、自责、求助、幻想、退避、合理化。分量表条目构成及编号为：

(1) 解决问题：1，2，3，5，8，*19，29，31，40，46，51，55。

(2) 自责：15，23，25，37，39，48，50，56，57，59。

(3) 求助：10，11，14，*36，*39，*42，43，53，60，62。

(4) 幻想：4，12，17，21，22，26，28，41，45，49。

(5) 退避：7，13，16，19，24，27，32，34，35，44，47。

(6) 合理化：6，9，18，20，30，33，38，52，54，58，61。

评分方法：各量表项目没有“*”者，“是”得1分；有“*”，选“否”得1分。

注：自责分量表中，包含了一个“39”，而在求助分量表中包含了一个“*39”。

计算各分量表的因子分。因子分计算方法如下：

$$分量表因子分=\frac{分量表单项条目分之和}{分量表条目数}$$

3. 结果解释

根据各分量表的因子分的值绘出应对方式因子廓图，根据廓图和各分量表因子分结果可解释受检个体或群体的应对方式类型和应付行为特点、比较不同受检个体或群体的应付行为差异，以及判断各因子的关系序列图。如：当发现应付因子中“解决问题”与“退避”两应付因子的负相关程度最高时，以此作为六个应付因子关系序列的两极，然后根据各因子与“解决问题”应付因子相关系数的大小排序，可将六个应付因子进行排列：退避→幻想→自责→求助→合理化→解决问题。

Vaillant（1975）等人认为应付行为可分为自恋型、不成熟型、神经症型和成熟型。如果以“解决问题”表示成熟的应对方式，那么“求助”与“合理性”因与“解决问题”呈正相关也归为成熟应对方式类，而与“解决问题”相反的另一极的“退避”则表示不成熟的应对方式。该结果提示，不同类型的应付行为可以反映人的心理发展成熟的程度。

研究结果还发现，个体应对方式的使用一般都在一种以上，有些人甚至在同一应激事件上所使用的应对方式也是多种多样的。但每个人的应付行为类型仍具有一定的倾向性，这种倾向性构成了六种应对方式在个体身上的不同组合形式。这些不同形式的组合与解释为：

(1) 解决问题—求助：成熟型。这类受试在面对应激事件或环境时，常能采取“解决问题”和“求助”等成熟的应对方式，而较少使用“退避”“自责”和“幻想”等不成熟的应对方式，在生活中表现出一种成熟稳定的人格特征和行为方式。

（2）退避—自责：不成熟型。这类受试在生活中常以“退避”“自责”和“幻想”等应对方式来应付困难和挫折，而较少使用“解决问题”这类积极的应对方式，表现出一种神经症性的人格特点，其情绪和行为均缺乏稳定性。

（3）合理化：混合型。“合理化”应付因子既与“解决问题”“求助”等成熟应付因子呈正相关，也与“退避”“幻想”等不成熟应付因子呈正相关，反映出这类应付行为的受试集成熟与不成熟的应对方式于一体，在应付行为上表现出一种矛盾的心态和两面性的人格特点。

附录六　强迫行为检查量表（修订版）

一、简介

强迫行为检查量表（修订版）（Compulsive Activity Checklist - Revised，CAC - R）是美国 Steketee 和 Freund 根据 DSM - Ⅲ - R 诊断标准制定的专门测定强迫行为严重程度的量表。倪俊芝将该表翻译引进并应用，作为检测强迫症病人治疗前后及治疗过程中强迫行为变化的一种手段，也是对强迫症的诊治提供了一种可靠工具。

二、项目、使用方法、结果解释

1. 项目

指导语：下面是人们有时出现问题的行为表格及记分等级。请仔细阅读，并把你最近一周的情况选用数字 0，1，2，3 表示出来，填在“□”内。

“0”表示我的活动不存在问题，它使我花费的时间与别人一样多，我不必反复和回避。

“1”表示这项活动花费我的时间是多数人的两倍或我不得不做两次或我想避开它。

“2”表示该活动花费我的时间是多数人的三倍或我不得不反复三次或更多次或经常回避它。

“3”表示我无法完成或我只想避开该活动。

1. 走路来回折返	□	13. 打扫房间	□
2. 洗澡或沐浴	□	14. 摆放东西要整齐和有顺序（整理东西）	□
3. 洗手和脸	□	15. 铺床（收拾床铺）	□
4. 整理头发（洗头、梳头、涮头）	□	16. 擦鞋	□
5. 刷牙	□	17. 摸门把手	□
6. 穿衣和脱衣	□	18. 触摸生殖器或性行为	□
7. 使用厕所	□	19. 开、关灯或开、关水龙头	□
8. 触摸别人或被别人触摸	□	20. 关、锁门窗	□
9. 接触垃圾或废品篓	□	21. 检查电器	□
10. 洗衣服	□	22. 上班	□
11. 涮盘子	□	23. 做自己的工作	□
12. 拿或做食物	□		

（续上表）

24. 填写表格 □ 25. 邮寄信件 □ 26. 接触地板 □	27. 使用公共卫生设施 （厕所饭馆） □ 28. 抛弃东西 □ 总分：________

2. 使用方法

CAC－R 采用自评方式，全量表共 28 项内容，每项内容采用 4 级 3 分制评分，依次评分后将得分累加：

1 级：我的活动不存在问题，它使我花费的时间与别人一样多，我不必反复和回避。（0 分）

2 级：该活动花费我的时间是多数人的两倍或我不得不做两次或我想回避它。（1 分）

3 级：该活动花费我的时间是多数人的三倍或我不得不反复三次或更多次或经常回避它。（2 分）

4 级：我无法完成或我只想避开该活动。（3 分）

三、量表评价

首先对 58 例正常人分别实施 CAC－R 强迫行为检查量表和 SCL－90 测查，其次对 58 例强迫症患者的临床应用对照研究（表 1、表 2、表 3），结果表明：CAC－R 量表的临床信度可靠（重测一致性 $r=0.86$，$n=116$，$p<0.01$），临床效度较高（相关系数 $r=0.89$，$n=58$，$p<0.01$），敏感性强（CAC－R 总分与 SCL－90 中强迫因子分有较高的一致性，$r=0.92$，$n=58$，$p<0.01$；CAC－R 总分与 SCL－90 总分、SCL－90 中抑郁因子分和焦虑因子分无相关性，$r=0.21$，$n=58$，$p>0.05$）。

CAC－R 强迫行为检查量表能较为准确地反应强迫行为的严重程度，对临床表现有较高的敏感性与一致性，是临床科研及诊治过程中不可缺少的检测工具。该量表共 28 个条目，比 SCL－90 少 62 个条目，节约了检查所需时间，投资少而效益高。

附表 1　CAC－R 首测与重测对比（$x \pm S$）

	患者（$n=58$）	正常人（$n=58$）
首测	46 ±1.5	11 ±2.1
重测	44 ±1.2	10 ±1.9

附表 2　强迫症患者与正常人比较（$x \pm S$）

	CAC－R 总分	SCL－90 总分
患者组	46 ±1. 5	145 ±2. 8
正常组	11 ±2. 1	45 ±2. 1

附表 3　58 例强迫症患者自身对照（$x \pm S$）

	CAC－R 总分	SCL－90 总分		
		强迫因子	抑郁因子	焦虑因子
首测	46 ±1. 5	3. 6 ±1. 1	1. 16 ±0. 2	1. 89 ±0. 9
重测	44 ±1. 2	3. 4 ±0. 9	1. 48 ±0. 4	1. 93 ±1. 1

通过对千余人次的临床应用，已熟练掌握了对该量表的实施操作及结果分析。在美国其常规已定。引进中国应用，应有较大样本来制定自己的常模，因此，有待扩大样本，制定中国常模。

附录七 Bem 性别角色量表（BSRI）

一、简介

美国心理学家 Bem 于 1974 年发表了性别角色量表（Bem Sex Role Inventory，BSRI），这是第一个用来测量相互独立的性别角色的测验工具。BSRI 根据受试者自陈是否具有社会赞许的男性化或女性化性格特征来评价其男性化和女性化程度。这是一个 7 点量表，包括 60 个描述性格特征的形容词，男性化量表 20 个，女性化量表 20 个，中性化量表 20 个。目前最常用的是用中位数分类法将人归于不同的性别角色组，男性化和女性化得分都高的人划分为双性化型，得分都低的划为未分化型，在一个量表上得分高，但在另一个量表上得分低的人分别属于男性化或女性化两种类型。

目前研究最多的是对双性化和心理健康的关系，大部分研究都认为双性化的个体具有较高的自尊、较少的心理疾病、较好的社会适应能力，而且双性化的人比其他类型的人更受欢迎。

二、项目、使用方法、结果解释

1. 项目

指导语：请你根据自身的情况，逐条给自己打分。评分标准：1 分—从不；2 分—很不正确；3 分—几乎不正确；4 分——般；5 分—几乎正确；6 分—很正确；7 分—总是正确。

1. 自我信赖。
2. 柔顺。
3. 乐于助人。
4. 维护自己的信念。
5. 快活的。
6. 忧郁的。
7. 独立的。
8. 害羞的。
9. 诚心诚意的。
10. 活跃的。
11. 情谊绵绵的。
12. 夸耀的。
13. 武断的。
14. 值得赞赏的。
15. 幸福的。
16. 个性坚强的。
17. 忠诚的。
18. 不可捉摸的。
19. 遒劲有力的。
20. 女性的。

21. 可信赖的。
22. 善于分析的。
23. 表示同情的。
24. 嫉妒的。
25. 具有领导能力的。
26. 对他人的需求敏感。
27. 诚实的。
28. 乐于冒险的。
29. 有理解力的。
30. 守口如瓶的。
31. 易于做出决策的。
32. 有同情心的。
33. 忠厚老实的。
34. 自足的。
35. 乐于安抚受伤的感情。
36. 自高自大。
37. 有支配力的。
38. 谈吐柔和的。
39. 值得喜欢的。
40. 男性的。
41. 温和的。
42. 庄严的。
43. 愿意表明立场的。
44. 温柔的。
45. 友好的。
46. 具有侵犯性的。
47. 轻信的。
48. 无能的。
49. 像个领导。
50. 幼稚的。
51. 适应性强的。
52. 个人主义的。
53. 不讲粗俗话的。
54. 冷漠无情的。
55. 具有竞争心的。
56. 热爱孩子的。
57. 老练得体的。
58. 雄心勃勃的。
59. 温文尔雅的。
60. 保守的。

2. 使用方法

采用自评方式对上述特质逐条进行 7 级评分，男性化分量表得分是 1、4、7、13、16、19、22、25、28、31、43、46、55、58 这些项目的总分除以 14，女性化分量表得分是 11、14、17、23、26、29、32、35、41、44、56、59 这些项目的总分除以 12。

3. 结果解释

如果男性化量表得分和女性化量表得分都大于 4 就是双性化，只有男性化量表高于 4 分就是男性化，只有女性化量表高于 4 分就是女性化，两个都低于 4 分就是未分化。

三、量表评价

我国学者卢勤、苏彦捷考察了该量表在中国文化下的信度、效度，选取了两个城市三所大学的 340 名本科生为被试者，经过项目分析、因素分析等统计方法，对构成量表的条目进行删除和保留。结果显示，由 14 项男性化条目（自立的、坚守自己信念的、独立的、武断的、个性强的、有力的、分析能力强的、有领导能力的、爱冒险的、果断的、有立场的、进取的、有竞争心的、有雄心的）和12项女性化条目（有感情的、受人赞赏的、忠诚的、有同情心的、对他人的需求敏感的、善解人意的、怜悯他人的、乐于安抚受伤害感情的、热情的、文雅的、爱小孩的、温柔的）构成BSRI。

1. 修订后的信度

（1）重测信度。重测信度样本为62名大学生（男34人，女28人）。重测距初测时间间隔4周。结果为：男性量表 $r=0.939$，女性量表 $r=0.922$。

（2）内部一致性信度。男性分量表 $\alpha=0.8691$，女性分量表 $\alpha=0.7846$。

2. 修订后的效度

（1）结构效度。将修订后的两个分量表26个项目合并，进行主成分提取，结果显示男性化量表中的所有项目载荷都大于0.5，没有双负载项目；女性化量表所有项目载荷都大于0.4，只有一个项目对男性化量表有贡献，总体来说，结果支持Bem关于男性化、女性化独立的理论构想。

（2）效标效度。用中位数进行性别角色分类，经卡方检验与其他学者自编量表具有一致性。

附录八　家庭功能与家庭关系相关量表

一、Olson 婚姻质量问卷

（一）简介

作为影响人类身心健康与生活质量的一个重要因素，婚姻质量已经日益受到社会大众的重视。已有的众多研究表明，婚姻幸福与否受多因素影响，它主要源于三个方面：①个体因素，包括文化背景、价值观、对婚姻的期望、在婚姻中承担的义务、个性等。②婚际因素，包括夫妻间权力与角色的分配、夫妻间交流解决冲突的方式与能力、性生活等。③外界因素，包括经济状态，与子女、父母的关系，与亲人、朋友的关系等。Olson 婚姻质量问卷（Olson Inrentoru of Marital Quality，OIMQ）是美国明尼苏达大学 Olson 教授等 1981 年在已有较好信度、效度的“婚前预测问卷”（PREPARE）（Olson，1970）的基础上编制的问卷。

（二）项目、使用方法、结果解释

1. 项目

指导语：该问卷是帮助你了解自己的婚姻状态的。虽然它不能预测你的婚姻是否成功，但可以发现婚姻中可能存在和需要解决的问题，有助于得到专家的指导。希望你如实填写，不要征求他人的意见，独立完成。请注意，条目中的“我们”，均是指你和你的配偶。每一个条目均采用 5 级评分制，具体标准如下：

1 分—确定是这样；

2 分—可能是这样；

3 分—不同意也不反对；

4 分—可能不是这样；

5 分—确实不是这样。

1. 我们都喜欢同一类的社会活动。
2. 向配偶表达我真实的感受是非常容易的。
3. 对他（她）所受到的有关宗教信仰的教育，我很难全盘接受。
4. 为了尽早结束争吵，我常立即让步。
5. 在我们家里，父亲与孩子待在一起的时间不够。

6. 当夫妻间出现矛盾时，我的配偶常沉默不语。
7. 亲友中一些人使我们的婚姻变得紧张。
8. 我的配偶过于挑剔或经常持否定的观点。
9. 我完全满意配偶对我的感情。
10. 我和配偶就如何采取最佳方法解决矛盾常常意见不一致。
11. 我认为夫妻双方对宗教应有相同的理解。
12. 我认为妇女主要应呆在家里。
13. 有时我对配偶的脾气很在意。
14. 我不喜欢配偶的性格和个人习惯。
15. 为了使性关系保持乐趣，我们尝试找一些新的办法。
16. 有时，我希望配偶别乱花钱。
17. 我的配偶似乎缺少时间与精力与我一起娱乐。
18. 我宁愿做别的任何事情，也不愿独自待一个晚上。
19. 我非常满意夫妻双方在婚姻中承担的责任。
20. 我和配偶对怎样花钱的意见总是一致。
31. 我很满意我们对抚养子女的责任分工。
22. 共同的信仰有助于我们的关系发展。
23. 如果夫妻双方都有工作，丈夫应该与妻子承担同样多的家务劳动。
24. 有的，我对配偶显得不愉快和孤僻感到担心。
25. 我担心配偶可能在性方面对我兴趣不大。
26. 我们很难在经济安排上做出决定。
27. 我们为亲友花费的时间很恰当。
28. 对配偶兴趣或爱好过少，我很在意。
29. 除非经济上需要，我的妻子不应外出工作。
30. 我的配偶抽烟和（或）饮酒成问题。
31. 与配偶参加社交活动，我很少感到压力。
32. 我不满意夫妻间的交流，我的配偶并不理解我。
33. 对于我们家怎样和在何处度假，我总是觉得满意。
34. 我们夫妻间完全相互理解。
35. 在管教子女方面，夫妻意见一致。
36. 我非常满意我们做决定和解决冲突的方式。
37. 有时我的配偶不依赖我，不总是人云亦云。
38. 对于家庭应储蓄多少钱的决定，我感到满意。
39. 当讨论某一问题时，我通常感到配偶是理解我的。
40. 我的配偶有时发表一些贬低我的意见。
41. 与配偶谈论性问题，对我来说是很容易和轻松的。

42. 我的配偶对我的每一次情绪变化都能完全理解并有相同的感受。
43. 在我们的婚姻中，妻子应更加顺从丈夫的愿望。
44. 当我们与别人共处时，有时我为配偶的行为感到不安。
45. 我们都知道我们所欠的债务，而且它不成问题。
46. 我的宗教信仰是影响我们婚姻的一个重要部分。
47. 有时我担心配偶会有寻求婚外性关系的想法。
48. 我认为配偶与他/她的家里过于密切或受其影响太大。
49. 子女似乎是我们婚姻中矛盾的一个主要来源。
50. 我们对所需子女的数量意见一致。
51. 我们按我们的经济实力有规律地花钱。
52. 我不满意我们的经济地位和决定经济事务的方法。
53. 我非常满意我们的业余活动和夫妻一起度过的时间。
54. 有时我不敢向配偶要我需要的东西。
55. 即使妻子有工作，也应该负担管理家务的责任。
56. 夫妻双方在与宗教信仰有关的活动中意见不一。
57. 与我的或配偶家的亲戚在一起，我感到不愉快。
58. 当我遇到困难时，我总是告诉配偶。
59. 我的配偶对子女的关注超过对我们的婚姻，这使我不舒服。
60. 我觉得我们的假期和旅游过得很好。
61. 在我们家，丈夫是一家之主。
62. 对我来说，我们的性关系是满意与完美的。
63. 有时我的配偶太固执。
64. 我们的婚姻是非常成功的。
65. 与配偶一起祈祷，对我很重要。
66. 我希望配偶更愿意与我分享他/她的感受。
67. 有了孩子，使我们的婚姻关系更密切。
68. 我的配偶喜欢我所有的朋友。
69. 我不愿对配偶表示出很温柔，因为它经常被误认为是一种性的表示。
70. 我觉得我们的婚姻关系缺少某些东西。
71. 有时在一些不重要的问题上我们常产生严重的争执。
72. 我感到夫妻双方没有花费足够的时间一起度过业余时间。
73. 有时我很难相信配偶告诉我的每一件事。
74. 我尽量避免与配偶发生冲突。
75. 对于我们来说，丈夫的职业较妻子的职业更重要。
76. 我觉得我们的婚姻受到宗教观念的影响。
77. 我们的经济已变得紧张，如赊账过多。

78. 配偶经常拖拖拉拉，使我很烦恼。

79. 有时我觉得夫妻之间的争执没完没了，得不到解决。

80. 如果家里有很小的子女，妻子不应外出工作。

81. 我经常不把我的感受告诉配偶，因为他/她应该体会得到。

82. 对于我们的夫妻之间怎样表达情感与性有关的事，我很满意。

83. 当夫妻间出现意见不一时，我们开诚布公地交流感受和决定怎样来解决它。

84. 除非与配偶在一起，否则我很少开玩笑。

85. 我们很注重决定怎样把钱花在最重要的事情上。

86. 有时我的配偶与朋友在一起的时间太多。

87. 我和配偶在对子女进行宗教教育方面有不同的意见。

88. 对于承担父母的责任分工上，我不满意。

89. 爱配偶，使我更深地体会到：上帝是慈爱的。

90. 我觉得双方的父母过高地期望得到我们的关心与帮助。

91. 我非常满意夫妻之间相互谈话的方式。

92. 我觉得我们的父母给我们的婚姻造成问题。

93. 我很烦恼，没有配偶的允许我不能花钱。

94. 自从有了孩子，夫妻间很少有时间单独在一起。

95. 对于配偶的喜怒无常，有时我感到束手无策。

96. 我经常感到配偶没有认真对待我们的分歧。

97. 在我们家里，丈夫在大多数重要的事情上拥有最后的决定权。

98. 因为担心配偶发脾气，所以我不总是把心里的一些烦恼告诉他/她。

99. 我不满意我们与双方父母、朋友的关系。

100. 我和配偶对我所受的宗教方面的教育意见不一。

101. 我从不后悔与我父母的关系，哪怕是一瞬间。

102. 应该为子女做多少事，是我们发生冲突的一个原因。

103. 我确实很高兴与配偶所有的朋友来往。

104. 因为我们的宗教信仰，我和配偶觉得很亲密。

105. 妻子在重要问题上应该相信与接受丈夫的判断。

106. 有时我很在意配偶的性兴趣与我的不一致。

107. 我很满意关于家庭计划和生育子女数的决定。

108. 我不在意配偶与异性朋友在—起。

109. 我说话时，配偶总是认真听着。

110. 我很在意谁管钱。

111. 配偶使用不公平的方式同意或拒绝性生活，使我很烦恼。

112. 当我们争吵时，我通常不去想这是我的过错。

113. 对于我们的宗教信仰与价值观，我觉得很好。

114. 我和配偶在一起和分开度过的业余时间分配很公平。

115. 有时，我认为配偶过于盛气凌人。

116. 我认为任何生活在一起的配偶都没有我们夫妻和睦。

117. 有时我觉得对配偶感觉不到爱情。

118. 有时配偶做一些使我不愉快的事。

119. 如果配偶有过错，我也没意识到。

120. 即使世界上每一个异性都愿与我结婚，我也不能做出比现在婚姻更好的选择。

121. 我们夫妻比世界上任何人都相互适应得好。

122. 关于配偶的每一件新鲜事都使我高兴。

123. 我们的关系比它应有的状况更好。

124. 当我和配偶在一起时，我觉得任何人都不可能比我们幸福。

2. 使用方法

ENRICH 内容包括过分理想化、婚姻满意度、性格相容性、夫妻交流、解决冲突的方式、经济安排、业余活动、性生活、子女和婚姻、与亲友的关系、角色平等性及信仰一致性，共 12 个因子。

如果其条目为“负性”，如第 32 条，“我不满意夫妻间的交流，我配偶并不理解我”，该项则从“确实是这样”到“确实不是这样”按 1 ~ 5 分计分。如果其条目为“正性”，如第 36 条，“我非常满意我们做决定和解决冲突的方式”，则从“确实是这样”到“确实不是这样”按 5 ~ 1 分计分，以此类推。

“负性”条目有：3、4、5、6、7、8、10、12、13、14、16、17、18、24、25、26、28、29、30、32、37、40、43、44、47、48、49、52 ~ 57、59、61、63、64、66、69 ~ 75、81、84 ~ 88、90、92 ~ 100、101、105、106、111、115、117、118、123。

其余为“正性”条目。

3. 结果解释

ENRICH 的统计指标主要为总分和因子分。

（1）总分。将 124 条各个单项分相加，即为总分，评分高即表示婚姻质量好。

（2）因子分。12 个因子中每个因子都着重反映受试者的婚姻某一方面的情况。将该因子所含条目的得分相加，即为因子分。可作廓图直观。各因子特点如下：

①过分理想化：该因子包括 34、42、64、70、101、116 ~ 124，共 14 条。测定受试者对婚姻的评价是否过于理想化。评分高表明受试者对婚姻的评价

感情色彩浓，多见于婚前的情侣；评分低表明受试者对婚姻的评价比较现实，多见于寻求婚姻咨询的配偶中。

②婚姻满意度：包括 14、19、32、36、52、53、82、88、99、113，共 10 条。该因子通过测定婚姻 10 个方面的满意度，得出总的满意度。评分高表明婚姻关系大多数方面是和谐与满意的；评分低则反映婚姻不满意。

③性格相容性：包括 8、13、24、30、37、44、63、78、95、115，共 10 条。该因子测定受试者对配偶行为方式的满意程度，主要是性格，但也包括饮酒、吸烟等。评分高表明满意配偶的行为方式；评分低则表示不满意，并难以相容。

④夫妻交流：包括 2、6、40、54、66、73、81、91、98、109，共 10 条。该因子测定受试者对夫妻间角色交流的感受、信念与态度，主要包括对配偶发出与接受信息的方式评价，对夫妻间相互分享情感与信念程度如何的主观感受，以及对夫妻间交流是否恰当的评价。评分高表明受试者对夫妻交流方式与交流质量感到满意；评分低则表明交流有缺陷，需要改善交流技巧。

⑤解决冲突的方式：包括 4、10、39、58、71、74、79、83、96、112，共 10 条。测定受试者对夫妻中存在的冲突与解决方式的感受、信念及态度。主要包括夫妻对识别与解决冲突是否坦诚相见，对其解决方式是否感到满意。评分高表明对解决冲突的方式满意，大多冲突都能解决；评分低表明冲突往往不能解决，对解决方式也不满意。

⑥经济安排：包括 16、20、26、38、45、51、77、85、93、110，共 10 条。测定受试者对夫妻管理经济方法的态度。主要包括受试者经济开销的习惯与观念，对家庭经济安排的看法，夫妻间经济安排的决定方式以及受试者对家庭经济状态的评价。评分高表明受试者对经济安排满意，对经济的开销抱实际的态度；评分低则表明夫妻间在经济安排上有矛盾。

⑦业余活动：包括 1、17、18、28、31、33、60、72、84、114，共 10 条。测定受试者业余活动的安排与满意度。主要包括业余活动的种类（是集体性的还是个人的，是主动参与还是被动参与，是夫妻共同参加的还是单独活动），以及受试者对业余活动的看法（是应该夫妻共同活动还是应保持相对的个人自由）。评分高反映夫妻业余活动是和谐、灵活、有共感的；评分低则反映夫妻业余生活有矛盾。

⑧性生活：包括 9、15、25、41、47、62、69、106、107、111，共 10 条。测定受试者对夫妻感情与性关系的关注度和感受。主要包括夫妻情感表达、性问题交流的程度；对性行为与性角色的态度以及是否生育子女等。评分高表示受试者对夫妻间情感表达满意，对性角色的状况满意；评分低则表示不满意。

⑨子女和婚姻：包括 5、21、35、49、50、59、67、87、94、102，共 10

条。测定受试者对夫妻双方担任父母角色的满意度，对生育子女的看法，对管教子女的意见是否统一，对子女的期望是否一致等。评分高表示对上述内容意见统一、满意；评分低则表示不满意或有某一方面的矛盾。

⑩与亲友的关系：包括 7、27、48、57、68、86、90、103、108，共 9 条。测定受试者对夫妻双方与亲友关系的感受。主要包括与双方亲友一起度过的时间量，对与亲友一起活动的评价，是否与亲友间存在潜在的冲突以及亲友对该婚姻的态度等。评分高表示夫妻双方与亲友关系和谐；评分低则表示与亲友间存在潜在的冲突。

⑪角色平等性：包括 12、23、29、43、55、61、75、80、92、97、105，共 11 条。测定受试者对婚姻关系中承担的各种角色的评价。包括家庭角色、性角色、父母角色，以及职业角色等。评分高表示受试者主张男女平等，希望夫妻角色公平分配；评分低则表示受试者主张传统的夫妻角色与责任分配。请注意，评分高低不表示对夫妻角色分配的满意度。如 Olson 研究发现，评分低的女性婚姻满意度高于评分高的女性。但如果夫妻双方评分均高则表示夫妻和谐度高。

⑫信仰一致性：包括 3、11、22、46、56、65、76、89、100、104，共 10 条。测定受试者有关婚姻的宗教信念及对夫妻双方宗教信念的评价。评价高，表示受试者更倾向于持传统的婚姻宗教信念；评分低则表示受试者倾向于不受传统观念的束缚。双方评分一致，表示夫妻双方信仰一致，均高者表示双方均着重传统的婚姻观念。夫妻一方评分高，一方评分低，低者更可能是冲突的来源。

ENRICH 量表的 12 个因子，可根据研究或咨询需要选用某一个或几个因子，下表是 ENRICH 量表 11 个因子的常模。

因子	男			女		
		SD	值围		SD	值围
1. 婚姻满意度	37.31	6.45	13～50	37.04	7.03	10～50
2. 性格相容性	34.58	5.96	16～49	34.43	6.35	16～49
3. 夫妻交流	34.90	6.05	15～50	34.10	6.94	14～50
4. 解决冲突方式	34.05	5.84	11～50	33.85	6.43	13～50
5. 经济安排	37.16	6.33	14～50	37.65	6.78	12～50
6. 业余活动	33.99	3.90	22～46	34.81	4.38	21～50
7. 性生活	37.09	6.62	16－50	37.60	6.90	14～50

（续上表）

因子	男			女		
		SD	值围		SD	值围
8. 子女与婚姻	38.35	5.58	20～50	38.25	5.27	19～50
9. 与亲友的关系	37.52	5.63	17～50	38.55	5.90	15～50
10. 角色平等性	28.86	5.45	13～48	28.06	5.80	13～50
11. 信仰一致性	39.04	6.58	13～50	40.04	6.26	18～50

（三）量表评价

Olson通过美国全国性大样本测试，该问卷条目内部一致性平均相关系数为0.74，重测信度为0.87（样本1 344名）。其判别婚姻满意与不满意的准确性（判别效度）为85%～90%（样本7 261名）。与其他婚姻问卷相比，它的信度、效度检验具有样本量大，控制了背景因素干扰，多维度，夫妇双方评估等特点。目前，它主要用于婚姻咨询工作中，用以判断婚姻的满意程度、识别婚姻的冲突所在，以便有针对性地开展婚姻治疗的效果观察。

二、家庭环境量表中文版（FES－CV）

（一）简介

家庭环境量表（Family Environment Scale，FES）由Moss等人于1981年编制，共设90道是非题，大约需要30分钟完成。该量表分为10个分量表，分别评价10个不同的家庭社会和环境特征。在很多西方国家，FES已广泛应用于描述不同类型正常家庭的特征和危机状态下的家庭状况，评价家庭干预下的家庭环境变化，以及对家庭环境与家庭生活的其他方面进行比较。

（二）项目、使用方法、结果解释

1. 项目

指导语：该问卷用于了解您对您的家庭的看法。请您确定以下问题是否符合您家里的实际情况，如果您认为某一问题符合您家庭的实际情况，请答“是”，如果不符合或基本上不符合，请答“否”。如果难以判断是否符合，您应该按多数家庭成员的表现或者经常出现的情况作答。如果仍无法确定，就按自己的估计回答。请务必回答每一个问题。有些问句带有“★”，表示此句有否定的含义，请注意正确理解句子内容。记住，该问卷所说的“家庭”是指与您共同食宿的小家庭。在回答问卷时不要推测别人对您的家庭的看法，请一定按实际情况回答。请将答案写在（　）内。

注：本问卷中，“1”表示“是”，“2”表示“否”，请用“1”或者“2”作答。

您的姓名（　　）　性别（　　）　职业（　　）
出生日期（　　）　文化程度（　　）

（　）1. 我们家庭成员总是互相给予最大的帮助和支持。

（　）2. 家庭成员总是把自己的感情藏在心里，不向其他家庭成员透露。

（　）3. 家中经常吵架。

（　）4. ★在家中我们很少单独活动。

（　）5. 家庭成员无论做什么事情都是尽力而为的。

（　）6. 我们家经常谈论政治和社会问题。

（　）7. 大多数周末和晚上家庭成员都是在家中度过，而不外出参加社交和娱乐活动。

（　）8. 我们都认为不管有多大困难，子女应该首先满足老人的各种需求。

（　）9. 家中较大的活动都是经过仔细安排的。

（　）10. ★家里人很少强求其他家庭成员遵守家规。

（　）11. 在家里我们感到很无聊。

（　）12. 在家里我们想说什么就可以说什么。

（　）13. ★家庭成员彼此之间很少公开发怒。

（　）14. 我们都非常鼓励家人具有独立精神。

（　）15. 为了有好的前途，家庭成员都花了几乎所有的精力。

（　）16. ★我们很少外出听讲座、看电影或去博物馆以及看展览。

（　）17. 家庭成员常外出到朋友家去玩并在一起吃饭。

（　）18. 家庭成员都认为做事应顺应社会风气。

（　）19. 一般来说，我们大家都注意把家收拾得井井有条。

（　）20. ★家中很少有固定的生活规律和家规。

（　）21. 家庭成员愿意花很大的精力做家里的事。

（　）22. 在家中诉苦很容易遭家人厌烦。

（　）23. 有时家庭成员发怒时摔东西。

（　）24. 家庭成员都独立思考问题。

（　）25. 家庭成员都认为提高生活水平比其他任何事情都重要。

（　）26. 我们都认为学会新的知识比其他任何事都重要。

（　）27. ★家中没人参加各种体育活动。

（　）28. 家庭成员在生活上经常帮助周围的老年人和残疾人。

（　）29. 在我们家里，当需要用某些东西时却常常找不到。

（　）30. 在我们家吃饭和睡觉的时间都是一成不变的。

（　）31. 在我们家里有一种和谐一致的气氛。

( ) 32. 家中每一个人都可以诉说自己的困难和烦恼。

( ) 33. ★家庭成员之间极少发脾气。

( ) 34. 我们家的每个人的出入是完全自由的。

( ) 35. 我们都相信在任何情况下竞争是好事。

( ) 36. ★我们对文化活动不那么感兴趣。

( ) 37. 我们常看电影、体育比赛或外出郊游等。

( ) 38. 我们认为行贿受贿是一种可以接受的现象。

( ) 39. 在我们家很重视做事要准时。

( ) 40. 我们家做任何事都有固定的方式。

( ) 41. ★家里有事时很少有人自愿去做。

( ) 42. 家庭成员经常公开地表达相互之间的感情。

( ) 43. 家庭成员之间常互相责备和批评。

( ) 44. ★家庭成员做事时很少考虑家里其他人的意见。

( ) 45. 我们总是不断反省自己，强迫自己尽力把事情做得一次比一次好。

( ) 46. ★我们很少讨论有关科技知识方面的问题。

( ) 47. 我们家每个人都对 1 ~2 项娱乐活动特别感兴趣。

( ) 48. 我们认为无论怎么样，晚辈都应该接受长辈的劝导。

( ) 49. 我们家的人常常改变他们的计划。

( ) 50. 我们家非常强调要遵守固定的生活规律和家规。

( ) 51. 家庭成员都总是衷心地互相支持。

( ) 52. 如果在家里说出对家事的不满，会有人觉得不舒服。

( ) 53. 家庭成员有时互相打架。

( ) 54. 家庭成员都依赖家人的帮助去解决他们遇到的困难。

( ) 55. ★家庭成员不太关心职务升级、学习成绩等问题。

( ) 56. 家中有人玩乐器。

( ) 57. ★家庭成员除工作学习外，不常进行娱乐活动。

( ) 58. 家庭成员都自愿维护公共环境卫生。

( ) 59. 家庭成员认真地保持自己房间的整洁。

( ) 60. 家庭成员夜间可以随意外出，不必事先与家人商量。

( ) 61. ★我们家的集体精神很少。

( ) 62. 我们在家里可以公开地谈论家里的经济问题。

( ) 63. 家庭成员的意见产生分歧时，我们都一直回避它，以保持和气。

( ) 64. 家庭成员希望每个人独立解决问题。

( ) 65. ★我们家的人对获得成就并不那么积极。

(　) 66. 家庭成员常去图书馆。
(　) 67. 家庭成员有时按个人爱好或兴趣参加娱乐性学习。
(　) 68. 家庭成员都认为要死守道德教条去办事。
(　) 69. 在我们家每个人的分工都是明确的。
(　) 70. ★在我们家没有严格的规则来约束我们。
(　) 71. 家庭成员彼此之间都一直合得来。
(　) 72. 家庭成员之间讲话时都很注意避免伤害对方的感情。
(　) 73. 家庭成员常彼此想胜过对方。
(　) 74. 如果家庭成员经常独自活动，会伤家里其他人的感情。
(　) 75. 先工作后享受是我们家的老习惯。
(　) 76. 在我们家看电视比读书更重要。
(　) 77. 家庭成员常在业余时间参加家庭以外的社交活动。
(　) 78. 我们认为无论怎么样，离婚是不道德的。
(　) 79. ★我们家花钱没有计划。
(　) 80. 我们家的生活规律或家规是不能改变的。
(　) 81. 家庭的每个成员都一直得到充分的关心。
(　) 82. 我们家经常自发地谈论家人很敏感的问题。
(　) 83. 家人有矛盾时，有时会大声争吵。
(　) 84. 在我们家确实鼓励成员都自由活动。
(　) 85. 家庭成员常常与别人比较，看谁的学习工作好。
(　) 86. 家庭成员很喜欢音乐、艺术和文学。
(　) 87. 我们娱乐活动的方式是看电视、听广播而不是外出活动。
(　) 88. 我们认为提高家里的生活水平比严守道德标准还要重要。
(　) 89. 我们家饭后必须立即有人去洗碗。
(　) 90. 在家里违反家规者会受到严厉的批评。

2. 使用方法

所有90个项目按选择的答案来评分，若回答“是”评1分，若回答“否”则评为2分。然后按下列方法计算分量表得分（“I～X”表示第X条项目的得分）。

亲密度＝(I～11—1)＋(I～41—1)＋(I～61—1)－[(I～1—2)＋(I～21—2)＋(I～31—2)＋(I～51—2)＋(I～71—2)＋(I～81—2)]

情感表达＝(I～2—1)＋(I～22—1)＋(I～52—1)＋(I～72—1)－[(I～12—2)＋(I～32—2)＋(I～42—2)＋(I～62—2)＋(I～82—2)]

矛盾性＝(I～13—1)＋(I～33—1)＋(I～63—1)－[(I～3—2)＋(I～

23—2）+（I～43—2）+（I～53—2）+（I～73—2）+（I～83—2）]

独立性 =（I～4—1）+（I～54—1）-[（I～14—2）+（I～24—2）+（I～34—2）+（I～44—2）+（I～64—2）+（I～74—2）+（I～84—2）]

成功性 =（I～55—1）+（I～65—1）-[（I～5—2）+（I～15—2）+（I～25—2）+（I～35—2）+（I～45—2）+（I～75—2）+（1～85—2）]

知识性 =（I～16—1）+（I～36—1）+（I～46—1）+（I～76—1）-[（I～6—2）+（I～26—2）+（I～56—2）+（I～66—2）+（I～86—2）]

娱乐性 =（I～7—1）+（I～27—2）+（I～57—1）+（I～87—1）-[（I～17—2）+（I～37—2）+（I～47—2）+（I～67—2）+（I～77—2）]

道德宗教观 =（I～18—1）+（I～38—1）+（I～88—1）-[（I～8—2）+（I～28—2）+（I～48—2）+（I～58—2）+（I～58—2）+（I～68—2）+（I～78—2）]

组织性 =（I～29—1）+（I～49—1）+（I～79—1）-[（I～19—2）+（I～39—2）+（I～59—2）+（I～69—2）+（I～89—2）]

控制性 =（I～10—1）+（I～20—1）+（I～60—1）+（I～70—1）-[（I～30—2）+（I～40—2）+（I～50—2）+（I～80—2）+（I～90—2）]

3. 结果解释

FES 所评价的家庭特征包括：

（1）亲密度：即家庭成员之间相互承诺、帮助和支持的程度。

（2）情感表达：即鼓励家庭成员公开活动，直接表达其情感的程度。

（3）矛盾性：即家庭成员之间公开表露愤怒、攻击和矛盾的程度。

（4）独立性：即家庭成员的自尊、自信和自主程度。

（5）成功性：即将一般性活动（如学习和工作）变为成就性或竞争性活动的程度。

（6）知识性：即对政治、社会、智力和文化活动的兴趣大小。

（7）娱乐性：即参与社交和娱乐活动的程度。

（8）道德宗教观：即对伦理、宗教和价值的重视程度。

（9）组织性：即安排家庭活动和责任时有明确的组织和结构的程度。

（10）控制性：即使用固定家规和程序来安排家庭生活的程度。

各个分量表得分的高低说明参试者家庭成员相互间的亲密度、协作支持程度高（或低），情感表达公开（隐藏、封闭），冲突程度高（或低）等。

（三）量表评价

费立鹏等对 FES－CV 进行了两次修订，有效完成测试的受试者 340 人，均来自城市。其中来自 64 个家庭的精神分裂症病人 41 人和家属 79 人，来自 119 个无精神病或严重躯体疾病病人的家庭（对照组家庭）受试者 126 人，家中有其他精神病或严重躯体疾病的参试者 28 人和 66 名精神卫生工作人员。结果显示量表具有较好的效度和重测信度。但在内部一致性信度上有一定的问题。亲密度、矛盾性、知识性和组织性 4 个分量表的内部一致性信度较高，成功性、娱乐性和控制性 3 个分量表的一致性稍差，独立性、道德宗教观和情感表达 3 个分量表的内部一致性信度很差。可能是因为这些分量表的内容不太适合中国文化。在应用量表做解释时应该慎重。

三、家庭亲密度与适应性量表第二版中文版（FACES Ⅱ－CV）

（一）简介

家庭亲密度与适应性量表第二版（Family Adaptabity Cohesion Scale，Second Edition，FACES Ⅱ）由 Olson 等人于 1982 年编制。该量表为自评量表，包括两个分量表，共有 30 个项目，大约需 25 分钟完成。FACES Ⅱ 主要评价两方面的家庭功能：①亲密度，即家庭成员之间的情感联系；②适应性：即家庭体系随家庭处境和家庭不同发展阶段出现的问题而做出相应改变的能力。每个项目的答案分为五个等级，受试者的回答代表该项目所描述的状况在其家庭出现的程度。对这 30 个项目的每个项目受试者要回答两次，一次是对自己家庭现状的实际感受，另一次是自己所希望的理想家庭状况。FACES Ⅱ 有两个稍有不同的版本，一个用于有孩子同住的家庭，另一个则用于无孩子同住的夫妻家庭。根据 Olson 的家庭“拱极模式”（Circumpolar Model，1983），用 FACES Ⅱ 的家庭亲密度与适应性这两个分量表的分数可将受试者的家庭区分成 16 种家庭类型。目前，FACES Ⅱ 在美国已被广泛用来对不同的家庭类型进行比较，找出在家庭治疗中需要解决的各种问题，以及评价家庭干预的效果。

（二）项目、使用方法、结果解释

1. 项目

指导语：这里共有 30 个关于家庭关系和活动的问题。该问卷所指的家庭是指与您共同食宿的家庭。请在每一问题后面的表格中，按照问题所描述之情况的符合度，填入适当的数字：①表示很不符合；②表示不符合；③表示尚符合；④表示符合；⑤表示非常符合。请您不要有任何顾虑，认真按您自己的意见回答每一个问题。如果您对某问题的答案无法确定的话，请您尽量估计回答。

1. 在有难处时，家庭成员都会尽最大的努力相互支持。
2. 在我们的家庭成员中每个成员都可以随便发表自己的意见。
3. 我们家的成员比较愿意与朋友商讨个人问题，而不太愿意与家人商讨。
4. 每个家庭成员都参与做出重大的家庭决策。

5. 所有家庭成员聚集在一起进行活动。
6. 晚辈对长辈的教导可以发表自己的意见。
7. 在家里，有事大家一起做。
8. 家庭成员一起讨论问题，并对问题的解决感到满意。
9. 家庭成员与朋友的关系比家庭成员的关系更亲密。
10. 在家庭中，我们轮流分担不同的家务。
11. 家庭成员之间都熟悉每个成员的亲密朋友。
12. 家庭状况有变化时，家庭平常的生活规律和家规很容易有相应的改变。
13. 家庭成员自己要做决策时，喜欢与家人一起商量。
14. 当家庭中出现矛盾时，成员之间互相谦让取得妥协。
15. 在我们家，娱乐活动都是全家一起做的。
16. 在解决问题时，孩子们的建议能够被接受。
17. 家庭成员之间的关系是非常密切的。
18. 我们家的家教是合理的。
19. 在我们家，每个成员习惯单独活动。
20. 我们家喜欢用新方法去解决遇到的问题。
21. 家庭成员都能按家庭所做的决定去做事。
22. 在我们家，每个成员都分担家庭义务。
23. 家庭成员喜欢在一起度过业余时间。
24. 尽管家里有人有这样的想法，家庭的生活规律和家规还是难以改变。
25. 家庭成员都很主动向家里其他人谈自己的心里话。
26. 在家里，家庭成员可以随便提出自己的要求。
27. 家庭中，每个家庭成员都分担家庭义务。
28. 当家庭中产生了矛盾，家庭成员会把自己的想法埋在心里。
29. 在家里，我们更愿意分开做事，而不太愿意全家人一起做。
30. 家庭成员可以分享彼此的兴趣爱好。

2. 使用方法

FACES Ⅱ - CV 量表中 30 个问题的答案得分为 1 ~ 5 分：①为 1 分，②为 2 分，③为 3 分，④为 4 分，⑤为 5 分。亲密度和适应性得分分别按以下方法计算：

亲密度得分 = 36 + （Ⅰ~1） + （Ⅰ~5） + （Ⅰ~7） + （Ⅰ~11） + （Ⅰ~13） + （Ⅰ~15） + （Ⅰ~17） + （Ⅰ~21） + （Ⅰ~23） + （Ⅰ~25） + （Ⅰ~27） + （Ⅰ~30） - （Ⅰ~3） - （Ⅰ~9） - （Ⅰ~19） - （Ⅰ~29）

适应性得分 = 12 + （I ~ 2） + （I ~ 4） + （I ~ 6） + （I ~ 8） + （I ~ 10） + （I ~ 12） + （I ~ 14） + （I ~ 16） + （I ~ 18） + （I ~ 20） + （I ~ 22） + （I ~ 26） - （I ~ 24） - （I ~ 28）

“I ~ *X*” 表示第 *X* 条项目的得分。

3. 结果解释

亲密度与适应性的实际感受和理想状况得分是分开计算的。实际感受与理想状况的得分之差的绝对值表示对家庭亲密度和适应性的不满程度。差异越大，不满的程度越大。如一个参试适应性得 41 分，亲密度得 65 分，其家庭即为“僵硬—亲密型”；而适应性得 53 分，亲密度得 58 分的受试者的家庭类型则为“灵活—自由型”；16 种家庭类型中心的四个类型称为“平衡型”；最偏离正常的四个类型称为“极端型”；剩下的八个类型则称为“中间型”。

			亲密度			
			松散	自由	亲密	缠结
			$\bar{X}-1SD$ (55.9 分)	$\bar{X}$ (63.9 分)		$\bar{X}+1SD$ (71.9 分)
适应性	{57.1 分} $X+1SD$	无规律	0.9 极端型 [0.0]	0.9 中间型 [1.6]	4.5 中间型 [8.2]	0.9 极端型 [7.4]
	{50.9 分} X	灵活	5.4 中间型 [1.6]	8.0 平衡型 [3.3]	14.3 平衡型 [21.3]	4.5 中间型 [7.4]
		有规律	10.7 中间型 [3.3]	9.8 平衡型 [13.1]	6.3 平衡型 [16.4]	0.9 中间型 [0.0]
	{44.7 分} $X-1SD$	僵硬	22.3 极端型 [9.0]	8.0 中间型 [5.7]	2.7 中间型 [1.6]	0.0 极端型 [0.0]

（三）量表评价

费立鹏等对 FACESⅡ - CV 进行了两次修订，有效完成测试的受试者 325 人，均来自城市。其中精神分裂症病人 35 人，病人家属 77 人（分别来自 64 个家庭），对照组家庭受试者 122 人（分别来自 119 个家中无精神病或严重躯体疾病病人的家庭），家中有其他精神病或严重躯体疾病病人的参试 28 人以及精神卫生工作人员 63 人。结果显示，FACES Ⅱ－CV 具有较好的重测信度，家庭成员对其家庭功能评价的一致性在不同的时间是稳定一致的，且量表具有较高的趋集效度。同时，分量表的内部一致性也是满意的。

四、家庭功能评定问卷（FAD）

（一）简介

家庭功能评定问卷（Family Assessment Device，FAD）是由刘培毅、何毅陶等参照 McMaster 的家庭功能模式设计和编制的。起初含 240 个条目，第二次修订后含 53 个条目，第三次修订后又增加了 7 个条目，共 60 个条目。FAD 仅是一个筛选问卷，其目的是简单有效地找到家庭系统中可能存在的问题。FAD 所确定的问题均可进一步在生物、心理和社会因素方面进行探讨。

（二）项目、使用方法、结果解释

1. 项目

指导语：这个量表包含了一些对家庭的描述，请仔细阅读每一项，并根据近 2 个月您对您家庭的看法，在四个可能的答案中，圈选形容您家庭最接近的数字。选择答案的原则是：

①很像我家（这一项非常准确地描述了您的家庭）。

②像我家（这一项大致上描述了您的家庭）。

③不像我家（这一项不太符合您的家庭）。

④完全不像我家（这一项完全不符合您的家庭）。

*1. 由于我们彼此误解，难于安排一些家庭活动。
2. 我们在住处附近解决大多数日常问题。
3. 当家中有人烦恼时，其他人知道他为什么烦恼。
*4. 当你要求某人去做某事时，你必须检查他们是否做了。
*5. 如果某人遇到麻烦时，其他人会过分关注。
6. 发生危机时，我们能相互支持。
*7. 当发生出乎意料的事情时，我们手足无措。
*8. 我们家时常把我们所需要的东西用光。
*9. 我们相互都不愿流露自己的感情。
10. 我们肯定家庭成员都尽到了各自的家庭职责。
*11. 我们不能相互谈论我们的忧愁。
12. 我们常根据我们对问题的决定去行动。
*13. 你的事只有对别人也重要时，他们才会感兴趣。
*14. 从那些人正在谈的话中，你不明白其中一个人是怎么想的。
*15. 家务活没有由家庭成员充分分担。

16. 每个人是什么样的，都能被别人认可。
*17. 你不按规矩办事，却很易逃脱处分。
18. 大家都把事情摆在桌面上说，而不用暗示的方法。
*19. 我们中有些人缺乏感情。
20. 在遇到突发事件时，我们知道怎么处理。
*21. 我们避免谈及我们害怕和关注的事。
*22. 我们难得相互说出温存的感受。
*23. 我们遇到经济困难。
24. 在我们家试图解决一个问题之后，我们通常要讨论这个问题是否已解决。
*25. 我们太以自我为中心了。
26. 我们能相互表达出自己的感受。
*27. 我们对梳妆服饰习惯无明确要求。
*28. 我们彼此间不表示爱意。
29. 我们对人说话都直说，而不转弯抹角。
30. 我们每个人都有特定的任务和职责。
*31. 家庭的情绪氛围很不好。
32. 我们有奖惩规。
*33. 只有当某事使我们都感兴趣时，我们才一起参加。
*34. 没有时间去做自己感兴趣的事。
*35. 我们通常不把自己的想法说出来。
36. 我们感到我们能被别人容忍。
*37. 只有当某件事对个人有利时我们相互才感兴趣。
38. 我们能解决大多数情绪上的烦恼。
*39. 在我们家，亲密和温存居次要地位。
40. 我们讨论谁做家务。
*41. 在我们家对事情做出决定是困难的。
*42. 我们家的人只有在对自己有利时，才彼此关照。
43. 我们相互间都很坦率。
*44. 我们不遵从任何规则和标准。
*45. 如果要人去做某件事，他们常需别人提醒。
46. 我们能够对如何解决问题做出决定。
*47. 如果原则被打破，我们不知道将会发生什么事。
*48. 在我们家任何事都行得通。
49. 我们将温存表达出来。
50. 我们冷静地面对涉及感情的问题。

*51. 我们不能和睦相处。

*52. 我们一旦生气，就互不讲话。

*53. 一般来说，我们对分配给自己的家务活都感到不满意。

*54. 尽管我们用意良好，但还是过多地干预了彼此的生活。

55. 我们有应付危险情况的原则。

56. 我们相互信赖。

57. 我们当众哭出来。

*58. 我们没有合适的交通工具。

59. 当我们不喜欢某人的所作所为时，我们就会给他指出来。

60. 我们想尽各种办法来解决问题。

2. 使用方法

①要求年龄在12岁以上的家庭成员都完成FAD问卷。

②FAD的每个条目有四个答案供选择，其评分为：

非常同意（或很像我家）—1分；

同意（或像我家）—2分；

不同意（或不像我家）—3分；

完全不同意（或完全不像我家）—4分。

对不健康的条目（带*号者），其评分为5－实际得分。这样，对所有的条目来说，1分代表健康，4分代表不健康，每个量表的各条目得分的平均数即为该量表的得分，评分范围为1~4分。如果一个分量表的条目有40%未被回答，则该量表不予计分。

3. 结果解释

FAD各个分量表的得分高低根据其内涵进行解释：

（1）问题解决（Problem Solving，PS）：指在维持有效的家庭功能水平时，这个家庭解决问题（指威胁到家庭完整和功能容量的问题）的能力。本分量表包含的条目为：2、12、24、38、50、60。

（2）沟通（Communication，CM）：家庭成员的信息交流。重点在言语信息的内容是否清楚，信息传递是否直接。本分量表包含的条目为：3、14、18、22、29、35、43、52、59。

（3）角色（Roles，RL）：这里指家庭是否建立了完成一系列家庭功能的行为模式，如提供生活来源、营养和支持，支持个人发展，管理家庭，提供成人性的满足。此外，还包括任务分工是否明确和公平及家庭成员是否认真地完成了任务。本分量表包含的条目是：4、8、10、15、23、30、34、40、45、53、58。

（4）情感反应（Affective Responsiveness，AR）：评定家庭成员对刺激的

情感反应的程度。本分量表包含的条目为：9、19、28、39、49、57。

（5）情感介入（Affective Involvement，AI）：评定家庭成员相互之间对对方的活动和一些事情关心和重视的程度。本分量表包含的条目为：5、13、25、33、37、42、54。

（6）行为控制（Behavior Control，BC）：评定一个家庭的行为方式。在不同的情形下有不同的行为控制模式。本分量表包含的条目有：7、17、20、27、32、44、47、48、55。

（7）总的功能（General Functioning，GF）：从总体上评定家庭的功能，共有12个条目：1、6、11、16、21、26、31、36、41、46、51、56。

（三）量表评价

作者对FAD的信度、效度做过反复测定，均提示FAD有较好的信度和效度。最近的一次信度、效度研究（1985）情况如下：

（1）FAD与社会性期望（Social Desirability）。样本为随机选取的72个家庭中的16人，结果表明FAD的7个量表分数与社会性期望量表分数的相关系数为 -0.06 ~ -0.19，提示社会性期望对家庭功能并不产生严重的影响。

（2）重测信度与平行效度。对45名健康者的两次FAD分数（间隔1周）的分析显示信度系数分别为 $PS=0.66$，$CM=0.72$，$RL=0.75$，$AR=0.76$，$AI=0.67$，$BC=0.73$，$GF=0.71$。对同一样本，比较FAD及家庭单元问卷（Family Unit Inventory，FUI）的一些分量表，这些分量表从理论上分析应有相关的8个量表中，相关分析结果显示6个相关系数达0.5以上（0.51 ~ 0.75）。一个相关系数为0.48。提示FAD与FUI有较好的平行效度。FAD与测定家庭功能的另一问卷FACESⅡ的比较分析也获得了类似的结果。

（3）判别效度。根据有经验的治疗者对42个家庭的家庭功能评定结果是，将家庭分为健康和不健康2组，再比较每组的FAD的7个分量表，此检验结果表明：仅行为控制在两组间差异未达显著性（$p=0.12$），两组间其余各量表分数的差异有显著性（$p\leqslant 0.01$）。故在FAD的7个分量表中，有6个分量表能对家庭功能做出正确的评价。

将翻译后的问卷用于25名已婚者中作信度检验（间隔10天），除问题解决分量表的相关系数稍低（$r=0.32$），其余6个分量表的相关系数在0.5以上（0.54 ~ 0.77），表明FAD有较好的信度。

五、父母教养方式评价量表（EMBU）

（一）简介

父母教养方式评价量表（Egma Minnen av Bardndosnauppforstran，EMBU）是1980年由瑞典Umea大学精神医学系C. Perris等人共同编制用以评价父母教养态度和行为的问卷。EMBU为人们提供了一个探讨父母教养方式与子女心理健康关的有力而客观的工具。从另一个角度说，为我们探讨心理疾病的病因学提供了一条途径，同时，EMBU 也可以用来探讨父母教养方式对人格形成的影响，让更多人意识到哪些教养方式是不当的，从而改善、调整并最终放弃不当的教养方式，让更多子女在良好的教养环境中成长并形成健全的人格。从这个角度讲，EMBU 的应用对提高青年人的心理健康水平起到一定的作用。

（二）项目、使用方法、结果解释

1. 项目

指导语：父母的教养方式对子女的发展和成长是至关重要的。请根据我们在成长过程中父母对待我们的方式，如实回答这一问卷。

问卷有 66 个题目组，每个题目答案均有 1、2、3、4 四个等级。请您分别在每题的“父:”和“母:”后面填写出最符合自己的父亲或母亲的教养方式（仅填写等级序号即可）。等级：①从不；②偶尔；③经常；④总是。

如果您幼小时候父母不全，可以只回答父亲或者母亲一栏，如果您是独生子女，没有兄弟姐妹，相关的题目可以不答。

1. 父：　　母：　　我觉得父母干涉我所做的每一件事。
2. 父：　　母：　　我能通过父母的言谈、表情感受他（她）很喜欢我。
3. 父：　　母：　　与我的兄弟姐妹相比，父母更宠爱我。
4. 父：　　母：　　我能感受父母对我的喜爱。
5. 父：　　母：　　即使是很小的过失，父母也惩罚我。
6. 父：　　母：　　父母总试图潜移默化地影响我，使我成为出类拔萃的人。
7. 父：　　母：　　我觉得父母允许我在某些方面的独到之处。
8. 父：　　母：　　父母能让我得到其他兄弟姐妹得不到的东西。
9. 父：　　母：　　父母对我的惩罚是公平的、恰当的。
10. 父：　　母：　　我觉得父母对我很严厉。
11. 父：　　母：　　父母总是左右我该穿什么衣服或该打扮成什么样子。
12. 父：　　母：　　父母不允许我做一些其他孩子可以做的事情，因为他们害怕我会出事。
13. 父：　　母：　　在我小时候，父母曾当着别人面打我或训斥我。
14. 父：　　母：　　父母总是很关注我晚上干什么。
15. 父：　　母：　　当遇到不顺心的事时，我能感到父母在尽量鼓励我，使我得到一些安慰。
16. 父：　　母：　　父母总是过分担心我的健康。
17. 父：　　母：　　父母对我的惩罚往往超过我应受的程度。

18. 父：　　母：　　如果我在家里不听吩咐，父母就会恼火。
19. 父：　　母：　　如果我做错了什么事，父母总是以一种伤心的样子使我有一种负罪感或内疚感。
20. 父：　　母：　　我觉得父母难以接近。
21. 父：　　母：　　父母曾在别人面前唠叨一些我说过的话或做过的事，这使我感到很难堪。
22. 父：　　母：　　我觉得父母更喜欢我，而不是我的兄弟姐妹。
23. 父：　　母：　　在满足我需要的东西，父母是很小气的。
24. 父：　　母：　　父母常常很在乎我取得的分数。
25. 父：　　母：　　如果面临一项困难的任务，我能感到来自父母的支持。
26. 父：　　母：　　我在家里往往被当作“替罪羊”或“害群之马”。
27. 父：　　母：　　父母总是挑剔我所喜欢的朋友。
28. 父：　　母：　　父母总以为他们的不快是由我引起的。
29. 父：　　母：　　父母总是试图鼓励我，使我成为佼佼者。
30. 父：　　母：　　父母总向我表示他们是爱我的。
31. 父：　　母：　　父母对我很信赖且允许我独自完成某些事。
32. 父：　　母：　　我觉得父母很尊重我的观点。
33. 父：　　母：　　我觉得父母很愿意跟我在一起。
34. 父：　　母：　　我觉得父母对我很小气、很吝啬。
35. 父：　　母：　　父母总是向我说类似这样的话“如果你这样做我会很伤心”。
36. 父：　　母：　　父母要求我回到家里必须向他们说明我在做的事情。
37. 父：　　母：　　我觉得父母在尽量使我的青春有意义和丰富多彩(如给我买很多的书，安排我去夏令营或参加俱乐部)。
38. 父：　　母：　　父母经常向我表述类似这样的话“这就是我们为你整日操劳而得到的报答吗”。
39. 父：　　母：　　父母常以不能娇惯我为借口不满足我的要求。
40. 父：　　母：　　如果不按父母所期望的去做，就会使我在良心上感到很不安。
41. 父：　　母：　　我觉得父母对我的学习成绩、体育活动或类似的事情有较高的要求。
42. 父：　　母：　　当我感到伤心的时候可以从父母那儿得到安慰。
43. 父：　　母：　　父母曾无缘无故地惩罚我。

44. 父： 母： 父母允许我做一些我的朋友们做的事情。
45. 父： 母： 父母经常对我说他们不喜欢我在家里的表现。
46. 父： 母： 每当我吃饭时，父母就劝我或强迫我再多吃一些。
47. 父： 母： 父母经常当着别人的面批评我既懒惰，又无用。
48. 父： 母： 父母常常关心我交往什么样的朋友。
49. 父： 母： 不管发生什么事情，我常常是兄弟姐妹中唯一受责备的一个。
50. 父： 母： 父母让我顺其自然发展。
51. 父： 母： 父母经常对我粗俗无礼。
52. 父： 母： 有时候甚至是一点鸡毛蒜皮的小事，父母也会严厉地惩罚我。
53. 父： 母： 父母曾无缘无故地打过我。
54. 父： 母： 父母会经常参与我的业余爱好活动。
55. 父： 母： 我经常挨父母的打。
56. 父： 母： 父母常常允许我到我喜欢去的地方，而他们又不会过分担心。
57. 父： 母： 父母对我该做什么、不该做什么都有严格的限制而且绝不让步。
58. 父： 母： 父母常以一种使我很难堪的方式对待我。
59. 父： 母： 我觉得父母对我可能出事的担心是夸大的、过分的。
60. 父： 母： 我觉得与父母之间存在一种温暖、体贴和亲热的感觉。
61. 父： 母： 父母能容忍我与他们有不同的见解。
62. 父： 母： 父母常常在我不知道原因的情况下对我大发脾气。
63. 父： 母： 当我所做的事情取得成功时，我觉得父母很为我自豪。
64. 父： 母： 与我的兄弟姐妹相比，父母常常偏爱我。
65. 父： 母： 有时即使错误在我，父母也把责任归咎于兄弟姐妹。
66. 父： 母： 父母经常拥抱我。

2. 使用方法

父、母亲量表各因子所含条目如下：

（1）因子Ⅰ。

父亲：2、4、6、7、9、15、20、25、29、30、31、32、33、37、42、54、60、61、66。

母亲：2、4、6、7、9、15、25、29、30、31、32、33、37、42、44、54、60、61、63。

（2）因子Ⅱ。

父亲：5、13、17、18、43、49、51、52、53、55、58、62。

母亲：1、11、12、14、16、19、24、27、35、36、41、48、50、56、57、59。

（3）因子Ⅲ。

父亲：1、10、11、14、27、36、48、5、56、57。

母亲：23、26、28、34、38、39、45、47。

（4）因子Ⅳ。

父亲：3、8、22、64、65。

母亲：13、17、43、51、52、53、55、58、62。

（5）因子Ⅴ。

父亲：21、23、28、34、35、45。

母亲：3、8、22、64、65。

（6）因子Ⅵ。

父亲：12、16、39、40、59。

66个条目中，父亲量表不含有19、24、26、38、41、47、54、63；母亲量表不含有5、10、18、20、21、40、49、66。为了方便，可以让受试者对所有问题进行回答，但在计算分析时，可以不将以上条目计算在内。

3. 结果解释

EMBU共15个分量表，分析四个主因素：因子Ⅰ是管束、行为取向和归罪行为；因子Ⅱ是一个维度，一极是情感温暖和鼓励行为，另一极是爱的剥夺和拒绝行为；因子Ⅲ是偏爱同胞或被试；因子Ⅳ是过保护，根据各个因子得分的高低判断其相应内涵。

（三）量表评价

1. 原量表的构成

EMBU有81个条目，涉及父母15种教养行为：辱骂、剥夺、惩罚、羞辱、拒绝、过保护，过干涉、宽容、情感、行为取向、归罪、鼓励、偏爱同胞、偏爱受试者和非特异性行为。对上述15个分量表进行主因素分析，抽取了四个主因素（见附表4），分别是：因子Ⅰ是管束、行为取向和归罪行为，因子Ⅱ是一个维度，一极是情感温暖和鼓励行为，另一极是爱的剥夺和拒绝行为，因子Ⅲ是偏爱同胞或被试，因子Ⅳ是过保护。

2. EMBU的修订

（1）中文版EMBU的形成。

EMBU原文为瑞典文，我们采用澳大利亚Ross教授寄来的英文版本作为原量表，由三名从事临床的心理工作的人员分别翻译、汇总译文，力求使每一条目维持原意，易于理解。指导语、条目顺序保持不变。

（2）内部一致性分析。

对所抽取的主因素分别进行同质性信度、分半信度的测定，结果见下表重测信度。65 名受试者在间隔三个月后重新施测，测得重测信度。

附表 4　修订后分量表信度

	分量表	同质性信度	分半信度	重测信度
父亲	因子Ⅰ	0.85	0.88	0.63
	因子Ⅱ	0.83	0.76	0.58
	因子Ⅲ	0.46	0.50	0.64
	因子Ⅳ	0.85	0.89	0.73
	因子Ⅴ	0.70	0.61	0.65
	因子Ⅵ	0.59	0.68	0.65
母亲	因子Ⅰ	0.88	0.91	0.73
	因子Ⅱ	0.69	0.69	0.73
	因子Ⅲ	0.75	0.77	0.71
	因子Ⅳ	0.80	0.82	0.80
	因子Ⅴ	0.84	0.87	0.82

（3）实证效度的考查。

为了评价、考查修订后 EMBU 的效度，我们对一些神经症患者和健康人（在性别、年龄、父母的职业和文化程度四个层次与实验组配对）进行了 EMBU 测试，发现两组受试者在情感温暖、惩罚和拒绝否认三个分量表上差异明显，实验组的父母比对照组的父母表现出较少的情感温暖、过多的惩罚和拒绝、否认。这一结果在一定程度上证明了修订后 EMBU 的效度。

参考文献

［1］霍妮. 婚姻心理学. 北京：中国华侨出版社，2013.

［2］林昆辉. 家庭心理学. 北京：人民军医出版社，2006.

［3］刘洋，李珊. 浅析丧失与哀伤辅导. 社会心理科学，2009（6）.

［4］苑杰. 社会心理学. 北京：人民卫生出版社，2013.

［5］骆云. 大学生恋爱违法犯罪的心理成因及其对策. 西安建筑科技大学学报（社会科学版），2011（30）.

［6］胡佩诚. 心理治疗. 北京：人民卫生出版社，2013.

［7］邱鸿钟. 咨询心理学. 广州：广东高等教育出版社，2013.

［8］钟志农. 班主任心育活动设计36例. 北京：教育科学出版社，2012.

［9］马立骥. 在押罪犯性问题调查与教育改造对策. 青少年犯罪问题，2009（3）.

［10］李连平. 一例由婚姻问题引起焦虑情绪的咨询案例报告//中国首届心理咨询师大会暨心理危机干预研讨会论文集，2008.

［11］刘凤兰. 浅谈“合理情绪治疗”的理论与方法. 卫生职业教育，2002（7）.

［12］吴权. 我真的是世界上最倒霉的人吗. 科学24小时，2009（2）.

［13］叶一舵. 学会运用合理情绪认知法——做自己的心理调节师（之一）. 新教师，2014（2）.

［14］郑小平. 艾利斯合理情绪疗法的常用技术及使用评价. 现代企业教育，2014（20）.

［15］孙立枫. 职业决策咨询报告分析. 时代教育，2013（22）.

［16］江华. 吕代豪：从杀手到牧师. 跨世纪（时文博览），2008（6）.

［17］张文. 合理情绪疗法理论对失恋大学生摆脱情绪困扰的启示. 思想教育研究，2010（5）.

［18］王斐. 浅析心理咨询在高校辅导员思想政治教育工作中的运用. 吉林工程技术师范学院学报，2012（9）.

［19］蒋湘玲，郭骏成，郭敏. 重大自然灾害后快速心理危机干预. 医学与哲学，2008（17）.

［20］刘琦，孙红. 自杀危机的社区心理干预. 中国全科医学，2010（5）.

[21] 赵多保. 浅谈恢复放松训练. 科技信息，2012（4）.

[22] 邱鸿钟. 咨询心理学. 广州：广东高等教育出版社，2012.

[23] 云南省公安厅政治局. 公安民警团体心理辅导工作指南. 北京：群众出版社，2013.

[24] 钟志农. 班主任心育活动设计 36 例. 北京：教育科学出版社，2013.